ケースで

学ぶ

不登校

どうみて、どうする

長尾 博 Hiroshi Nagao
［著］

金子書房

はじめに

　現在の児童・青年の多くは，内閉傾向が強く，とくに不登校やひきこもりが増えているという嘆かわしい現状がある。小学・中学生の不登校生徒は，約19万6000人もいて，年々，増加傾向にある（文部科学省，2021）。また，この不登校と関連する中年期（40歳から64歳まで）のひきこもりの数は，約61万人もいるという（内閣府，2019）。

　2019年12月初旬に中国の武漢で発生したといわれる新型コロナウィルス（COVID-19）は，世界中にその感染力が広まった。この「コロナ禍」の影響もあってか，わが国では，児童・青年の不登校・自殺は最高数となった（文部科学省，2021）。文部科学大臣は，この事態を「きわめて憂慮すべき結果でコロナ禍による環境変化が大きな影響を与えていることがうかがえる」（文部科学大臣記者会見，2021，10月）と表明している。「コロナ禍」に対しての自宅待機が影響して児童・青年の交友関係の縮小化，家族内の問題の顕在化，また，潜在的不登校傾向生徒の不登校の顕在化をまねき不登校生徒を過去最高に増加させたと思われる。わが国では，この「コロナ禍」による不登校以外にも多くの課題があり，社会的な現状は必ずしも良好な状態とはいえない。たとえば，人々は，今，幸せかどうかについては，世界幸福度ランキングでは，わが国は第56位（Helliwell et al., 2021）であり，わが国は男女平等社会かどうかについては，ジェンダーギャップ指数が世界で第120位（内閣府男女共同参画局，2021）であり，また，わが国の青年の学力は十分かどうかについては，東京大学は世界第35位（Times higher education, 2021）という現状があげられる。このような多くの課題を担い，将来に向けて課題を解決していくのは，現代に生きている児童・青年たちである。この現状をみて，筆者は，わが国の将来について前途多難を感じている。1995年度（平成7年度）より始まった文部科学省によるスクールカウンセラー（主に臨床心理士）派遣事業は，すでに20年以上が過ぎ，2018年（平成30年）には国が認定した公認心理師の活動も始まっている。今後，不登校や

ひきこもりの増加を防げるかどうかは，まさに臨床心理士や公認心理師の死活問題でもある。

　本書は，まだ臨床心理士や公認心理師という専門的な資格のない時代から，筆者が不登校に関わってきた約45年に及ぶ臨床経験にもとづき不登校の特徴とその対応をまとめたものである。不登校の専門書は，今日，多く出版されているが，本書の特色は，(1) 図や表を用いてわかりやすく説いた，(2) 不登校に対する具体的な対応を多くのケースを通して説いた，(3) 筆者の臨床経験をもとに不登校に関する今日までの学術研究をまとめて示した，(4) 不登校に関わるどのような臨床家（臨床心理士，公認心理師，精神科医，ケースワーカーなど）にも適用できる治療やケアの「公式」（formulation）を提示した，(5) 不登校内容や心理臨床現場の実際について理解してもらうための「注」を多く加えた，(6) 付録として不登校傾向をとらえる尺度を加えたことの6点がある。

　本書が，不登校生徒，ひきこもり青年，その家族の方々，教師方々，臨床心理士，公認心理師，医師，ケースワーカー，及び地域で不登校やひきこもりについて携わる方々にとってその対応に少しでもお役に立てれば幸いである。

目　次

第 I 部

不登校の理論編

第1章
不登校の現状とその展開

1 不登校の定義と現状

　不登校（non-attendance）とは，文部科学省（1998）によれば，「何らかの心理的，情緒的，身体的，あるいは社会的要因・背景により登校しないあるいはしたくともできない状況にあるため，年間30日以上欠席した者のうち，病気や経済的な理由による者を除いた者」と定義されている。また，精神科医と臨床心理学者とでは，不登校のとらえ方が幾分，異なっており，表1に精神科医の和田（1972）の定義と臨床心理学者の保坂（1996）の定義を示した。

表1　不登校の定義

提唱者	定　義
和田（1972）	諸種疾患のための就学不能，親の無理解や貧困による不就学，非行などが原因となっている怠学を除外したものを一括して不登校という
保坂（1996）	生徒本人ないしはこれを取り巻く人々が，欠席ならびに遅刻・早退などの行為に対して，妥当な理由にもとづかない行為として動機を構成する現象

　文部科学省の定義は，欠席日数が30日以上と明確に示しており，和田（1972）の定義は，親の問題は重視されていないことが，保坂（1996）の定義は，欠席する理由が第三者には理解しにくい点が強調されている。

　不登校の生徒数については，1991年度（平成3年度）では，小学生の約1万3000人，中学生の約5万4000人が不登校を示しており，次第にその数は増加し，2020年度（令和2年度）には，小学生では約6万3000人，中学生では約13万3000人の不登校生徒数が示されている（文部科学省，2021）。この数は，中学生の場合，30人に約1人の割合で不登校を示しているということになる。今後も増加傾向となることが予測される。世界の不登校数をみていくと国によって不登校のとらえ方が異なっている。文献検索でのキーワードは，school attendance，school dropout，school phobia，school refusal の4語であり，その文献数は少ない。ドイツでは，就学生徒の約1.5％（約7万人）が不登校であると推計されている（荒木，2002）。アメリカでは，「怠学，ずる休み[1]」（truancy）という語がよく用いられており，州によって不登校のとらえ方が異なり，不統合家族[2]や貧困による不登校が多い。また，フリースクールの活用も多く，ニューヨークでは，15歳以上の不登校生徒数は100人に約1人という割合が示されている（National association of state boards of education，1996）。

2　不登校の原因とその過程

　不登校となる兆候，不登校の派生症状，不登校の主な原因，不登校の回復までの過程は，以下の通りである。

（1）不登校の兆候

　表2は，筒井ら（1998）による不登校の兆候をまとめたものである。
　表2から，留意する点として，欠席・遅刻が増えた場合には，教師の訪問面接による相談，月曜日に休む傾向がある場合には，日曜日の過ごし方の指導，保健室によく行きだした場合には，養護教師による相談が不登校の予防につな

がることが多い。

（2）不登校の派生症状と不登校の主な原因

　不登校を登校していない状態ととらえた不登校の派生症状とは，2通りある。つまり，（ア）ある特定の障害や疾患が原因で不登校を示すものと（イ）不登校の原因でもありその結果であるものとがある。（ア）の場合は，治療機関でその障害や疾患を治療していくことが先決である。表3は，不登校の派生症状とその発生率をまとめたものである。

　一般に不登校の初期は，朝の登校時に腹痛，頭痛，吐き気，めまいなどの身体症状を示し，登校ができない状態を示すことが多い。この状態を内科医は，「起

表2　不登校の兆候（筒井ほか，1998 より作成）

行動分類	特　徴
感情抑制	○表情が硬い ○いつもぽつんとしている ○クラス替えのあと，友達になじめない ○失敗を人に見せられない ○恥をかくのを嫌がる ○笑わなくなる ○字が小さかったり，薄かったりする ○自分の言葉で表現できない
回避行動	○遅刻・欠席が増える ○成績が下がってくる ○月曜に休む ○嫌なことはやらない ○学校行事に参加できない ○話し合い活動に参加しない
教師接近行動	○机間巡視する教師からノートを隠す ○職員室にしょっちゅうくる ○教師に近づくようになる ○保健室に頻繁に行く

立性調節障害[3]」，あるいは「自律神経失調症」と診断することが多い。しかし，欠席させるとこれらの症状は消失しやすい。心身医学では，「疾病逃避」（病気によって現実を逃避すること）ととらえるがいわゆる仮病ではない。また，「家庭内暴力」に関して，稲村（1980）は，不登校生徒のうちの約87.1％が「家庭内暴力」を示しやすいといい，その特徴として，3歳頃の第1次反抗期[4]がない者が多く（三原・市川，1986），強迫的[5]で潔癖であり（本城，1983），その父親は，短気，拒否的，不安が強く，母親は，盲従，溺愛，干渉的であるという（総理府青少年対策本部，1980）。また，ことばによる表現力が乏しく（本城，1987），身体症状を示す者の予後は良く，ひどい暴力を示す者の予後は悪いという（三原・市川，1986）。また，「ひきこもり」の約23.7％が不登校経験があり，不登校がきっかけで「ひきこもり」となった者は，約11.9％であるという（内閣府，2010）。

　一般に不登校への対応について，犯人捜し（不登校の原因追究[6]）をしない方が良いといわれているが，不登校生徒を増加させないためには，なぜ不登校状態になるのかの解明が必要であると思われる。不登校の原因については，多くの要因があげられ，しかも各要因は複雑に関連している。

　表4は，不登校の原因をもとに不登校を分類したものである。

　表4の精神科医の野添・古賀（1990）による分類のAの「神経症[7]」的状況

表3　不登校の派生症状とその発生率

	派生症状	発生率	発表者
（ア）	アレルギー性疾患	約57％（喘息，鼻炎，皮膚炎）	松嵜ほか（1995）
	発達障害	約30％	渡部（2012）
	非行	約46.4％	桝屋（2012）
	統合失調症	約3.3％	大沢ほか（1991）
	うつ病	約4.1％	傳田（2005）
（イ）	家庭内暴力	約87.1％	稲村（1980）
	ひきこもり	約0.5％（20歳代）	Koyama et al.（2010）

にもとづくもの」の中で精神科医の齊藤（2000）によるDSM‐Ⅳにもとづく調査結果では，抑うつ気分の「適応障害」が最も多く，次に「不安障害」が多いことが示されている。心理学者の五十嵐・萩原（2002）による分類は，現れている行動を中心に分類したものであり，教師やスクールカウンセラーに役立つ分類であると思われる。また，齊藤（2000）による分類は，親子関係や交友

表4　不登校の原因をもとにした分類

文部科学省 （2005） 小学生・中学生	野添・古賀 （1990）	五十嵐・萩原 （2002） （中学生）	齊藤（2000）	筆者
(1) 学校生活に起因する型	〈第1群〉 合理的理由による欠席	(1) 別室登校型	(1) 過剰適応型	(1) 分離不安型
(2) 不安など情緒混乱型	A 怠休 B 両親による登校阻止の欠席	(2) 精神・身体症状型	(2) 受動型 (3) 受動攻撃型	(2) 過剰適応（よい子）型
(3) 遊び・非行型	C 両親及び本人の登校への関心欠如にもとづく欠席	(3) 遊び・非行型	(4) 衝動型	(3) 評価懸念型 (4) 発達障害
(4) 無気力型	〈第2群〉	(4) 在宅希望型		(5) 緘黙型
(5) 複合型	非合理的理由による欠席			(6) きょうだいでの不登校型
(6) 意図的拒否型	A 神経症的状況にもとづくもの			(7) 離婚反応型
(7) その他	B パーソナリティ障害によるもの C 精神病的状況によるもの			(8) 被虐待型 (9) 対抗型

関係をもとに分類したものであり，青年期・思春期の心性が理解しやすい分類である。たとえば，(1) の過剰適応型は，「よい子」でグループから疎外されることを恐れる特徴があり，(2) の受動型は，おとなしく受身的であるが頑固で母親と離れにくい特徴がある。(3) の受動攻撃型は，反抗的でひねくれ，ふてくされ，不機嫌な特徴がある。また，(4) の衝動型は，落ち着きがなく，リストカット[8]や喧嘩，暴力などを示しやすい特徴がある。なお，筆者による分類については，詳しく後述するがスクールカウンセリング現場から病院臨床現場までの広い領域から分類したものである。

(3) 不登校の発生から回復までの過程

表4から，不登校の原因はさまざまであることがわかったが，不登校の発生から回復過程もさまざまであり，決まった過程というものはないが，表5に論文であげられているものをまとめた。

本間 (2005) は，どのような不登校生徒も表2に示すような兆候があるという。表4の文部科学省（2005）による分類の中では，(2) 不安など情緒混乱型と(5) 複合型が多く，治療[9]に関しては，齊藤（2000）による分類の中では，(2) 受動型と (4) 衝動型が困難であることが多いという。

表5の初期においては，登校刺激（登校を励ましたり，しむけること）を保護者や教師が，どの程度与えるかが，以後の長期欠席と関連してくる。少なくとも本人が，登校に大きな抵抗（泣き叫ぶ，身体症状の強い訴えを示す）をする場合には登校刺激を強く与えない方がよい。また，不登校となったきっかけを早期に解決していくと登校を始めることもある。たとえば，教師が中心にいじめ，対人関係のトラブル，提出物の遅れや教師との関係の問題を解決していくことがあげられる。

表5の高木（1963）のいうⅢ期と山本（2008）のいうⅡ期の不登校が定着し，「ひきこもる」時期においては，その子どもの本態（何を主に欲しているか）が明らかになる時期でもあり，母親に甘えて退行[10]（赤ちゃん返り）を示したり，逆に反抗，暴力，無言を示したりしやすい。この時期に留意することは，昼夜

逆転[11]とゲーム依存である。この特徴がみられると長期の不登校を示しやすい。したがってこの時期の生活規則の遵守や時間を決めたゲーム遊びが重要である。また，この時期に多くはないが，とくに高校生の場合，うつ病[12]や統合失調

表5　不登校の発生から回復までの過程

不登校生徒				不登校生徒の親（小野，1993）	
高木（1963）		山本（2008）		Ⅰ期 不安・混乱期	将来の不安がみられ，原因や対策については話せない
Ⅰ期 心気	身体症状がみられ，登校できない時期	Ⅰ期	混乱や身体症状がみられる	Ⅱ期 責任回避期	学校批判や家族メンバーの批判が多い
				Ⅲ期 模索期	子どもを否定的にとらえる 登校への期待もあるがあきらめもある
Ⅱ期 攻撃	家にこもって自分に対して攻撃的になる時期	Ⅱ期	不登校は定着し，落ち着きはあるが，意欲や活動性がない	Ⅳ期 解決探索期	親自身の内面に注目がみられ，問題の長期化を覚悟し始める
				Ⅴ期 方法探索期	子どもの生き直しや親の育て直しがみられる
Ⅲ期 自閉	家族と関わらず，自分の世界にこもる	Ⅲ期	友人と遊んだり，外出がみられ，登校意欲がみられる	Ⅵ期 変化期	親自身の自己の変化が生じる ある種の執着がなくなる 親子関係が安定してくる

症[13] が発症することもある。その場合は，精神科医に相談する必要がある。

　次に表5の山本（2008）のいうⅢ期と小野（1993）のいうⅥ期の回復期については，二通りあげられ，長期欠席の場合，フリースクールや高校の定時制や通信制教育コースに進むことが多く，再登校の場合は，学期や学年の変わり目の時期や親しい友人からの登校の勧め，保健室登校や適応指導教室からクラスへの導入によって再登校することが多い。

　不登校生徒をもつ保護者や教師が留意する点は，学校側は，「モンスターペアレント」[14] と呼ばれるような難しい保護者に対しては，スクールカウンセラーなどの第三者の仲介や介入が必要なこと，長期欠席の生徒の場合は，治療機関をその保護者に紹介することが重要である。また，保護者の方は，子どもとの関わりについて考え直し，今までとは逆の関わり方，つまり過保護，過干渉であったならば少し距離を置いて関わったり，放任，無視であったならばもう少し積極的な関わりをしてみるとよい。また，父親の子どもへの徐々なる関わり（突然の積極的な関わりではなく）が子どもに「現実感」[15] を生じさせることもある。母親の方は，子どもの将来をあきらめず，学校との関わりを続け，自分を支えてくれる相談者（たとえば，スクールカウンセラーなど）や不登校をもつ母親グループに参加することも心の安定を生みやすい。

3　不登校のその後はどうなっているか

　不登校のその後は，どうなっているのだろうか。表6は，不登校生徒のフォローアップ研究の結果をまとめたものである。

　不登校のフォローアップ研究の難しさは，対象が病院の患者か教育相談でのクライエントか，対象人数，また，不登校が生じて何年後のフォローアップの結果なのかによってその結果が異なる点がある。

　表6から，約7割以上の者が，その後は良好であることがわかる。齊藤（2007）は，表6に示す研究結果以外の結果もまとめて，表6の結果と同様に約7割から8割の者がその後は社会適応[16] しているものの，約2割から3割の者は

表6　不登校生徒のフォローアップ研究の結果

対象数	良好（　）%	調査施設	調査時・追跡期間	発表者
12名	9名（75%）	大学病院（外来）	1964年，1～2年	鑪（1963）
13名	10名（77%）	病院（外来）	1964年，1～10年	藍沢（1964）
150名	112名（75%）	大学病院（外来）	1966年，1～8年	梅垣（1966）
49名	22名（45%）	情緒障害短期施設	1972年，2年	菅（1972）
60名	53名（88%）	児童相談所（外来）	1977年，5～10年	小泉（1988）
92名	77名（84%）	児童相談所（入所・外来）	1980年，7～18年	福間ほか（1980）
40名	30名（75%）	病院（入院）	1983年，2～12年	梅沢（1984）

社会適応していない点を示している。とくに中学卒業後の5年間の生き方が重要であることをあげ，中学卒業後の10年間で約3割の者がうつ病や統合失調症などを発症していることや，何らかの形で高校卒業した者の方が不登校を示して10年後の結果では社会適応していることをあげている。また，大高ら（1986）による大学病院へ通院していた者の14年後のフォローアップ結果では，約47%が社会適応していることが，室田（1997）による公的教育相談所へ来談していた者の13年8か月後のフォローアップ結果では，約55%が社会適応していることが報告されている。

第2章
不登校に関する主な研究

1 不登校研究の歴史

　不登校のとらえ方の歴史は，アメリカから生まれ，ヨーロッパやわが国に影響を及ぼしてきた。表7は，欧米とわが国の不登校のとらえ方の歴史の概要である。

　外国での不登校の最近の研究動向は，主なテーマとして，長期欠席と自傷行為，うつ病，家族関係との関連（Finning et al., 2019），小学生の不登校と転居や学力との関連（Green et al., 2019），不登校と発達障害との関連（Naheed et al., 2000），不登校の認知行動療法（Melvin & Gordon, 2019）があり，不登校を school phobia, school refusal, school dropout の3分類から研究したものが多い。

　アメリカもわが国も最初に不登校に取り組んだのは，精神科や小児科の医師たちである。わが国では，1990年代から臨床心理士のスクールカウンセラーが不登校に関わり始め，現在では不登校生徒に関する臨床的業務は臨床心理士が中心となっている。

　表7から，アメリカを中心とする不登校の視点の変遷は，初めは，ブロード

表7　欧米とわが国の不登校の歴史の概要

年　代	欧　米	日　本
1929年	トレイノー（Treynor, J. V.）が学校症（shool sickness）という語をいう	
1932年	ブロードウィン（Broadwin, I. T.）が怠学（truancy）としてみる	
1941年	ジョンソンら（Johnson, A. M. et al.）が学校恐怖症（school phobia）を唱える	1959年　高木隆郎らが「学校恐怖症」という語を紹介する
1948年	ワーレン（Warren, W.）が登校拒否（school refusal）を唱える	
1959年	アグラス（Agrass, S.）がうつ病説を唱える	1959年　佐藤修策が不登校ケースを紹介する
1961年	ウォルターズ（Walters, P.A.Jr.）により大学生のスチューデントアパシー（student apathy）が唱えられる	1962年　伊藤克彦が「登校拒否」という語を用いる
1964年	レヴェンタールとシルズ（Leventhal, T. & Sills, M.）が不登校と自尊感情との関係を唱える	
1967年	ニコリ（Nicholi, A. M. Jr.）が学校中退（school dropout）を唱える	1967年〜1969年児童精神医学で登校拒否が注目される
1970年代	イギリスでは，怠学として不登校を取り上げる	1970年代　いじめ，家庭内暴力，アパシーとの関連からとらえる
		1991年　「学校嫌い」という語が波及する
		1992年　文部科学省は，誰でも不登校になる可能性があるという
		1995年　「スクールカウンセラー活用調査研究事業」が始まる
		1998年　「社会的ひきこもり」という語が出てくる
1999年頃	イギリスで「ニート」（Not in Employment Education or Training）が注目される	

ウィンのいう「怠学：ずる休み」(truancy) やジョンソンらのいう母子関係の「分離不安」(separation anxiety) に起因する [17] 「学校恐怖症」(school phobia) という「内的」な側面から始まり，次のワーレンのいう「登校拒否」(school refusal) [18] という「外的」(学校環境) な側面に変化し，さらにニコリのいう「学校中退」(school dropout) やウォルターズのいう「スチューデントアパシー」(student apathy) などの「内的」な側面へと変化し，昨今では，イギリスの影響を受けて「ニート」[19] という「外的」(社会・経済) な側面に視点が変化していることがわかる。

　わが国でもこの展開に即して，高木隆郎が「学校恐怖症」という語をあげ，次に伊藤克彦が school refusal に相当する「登校拒否」という語をあげている。「登校拒否」という語は，しばらく用いられ，1960年代には，精神医学において「登校拒否」について本格的に取り上げられた。「不登校」という語は，1980年に北村陽英らの大阪大学の大学病院の医師らが使い始め，1990年代になると文部科学省は，「不登校」という語を用いてどのような生徒もさまざまな理由から「不登校」を示すことをあげている。

　このように欧米やわが国の不登校の視点の変遷をみていくと高木 (1984) がいうように不登校現象は，社会 (政治や経済や教育) の動向によって変化していくことがわかる。

2　不登校に関する臨床心理学における主な研究

　以下に示す研究は，研究雑誌の「心理臨床学研究」や「カウンセリング研究」などに記載されている論文が中心である。臨床的に活用できるように(1)「生徒との1対1の関わり」，(2)「母親面接とそのグループアプローチ」，(3)「発達障害」，(4)「いじめ」，(5)「スクールカウンセラーの職務」，(6)「連携による治療」，(7)「無気力」，(8)「適応指導教室」(教育支援センター)，(9)「教師による関わり」の9つの領域に分類し，発行年順に示した。

（1）　生徒との1対1の関わり

　スクールカウンセラーの職務として，不登校生徒と1対1のカウンセリングを行い，その生徒が登校できるようになることが理想的である。しかし，スクールカウンセラーが真のカウンセリング技法をマスターしていないためにラポールができず，ドロップアウトされたり，来談を拒否されるケースも多い。スクールカウンセラーが生徒と1対1のカウンセリングが容易にはできない原因として，①カウンセリングの導入技法をマスターしていない（参照：長尾，2008，2020）②臨床経験が乏しいこと，たとえば，小林ら（2013）の調査では臨床心理士の1年間の平均担当ケース数が5ケース程度であるという。③わが国では，アメリカと比較してスーパーヴァイザーが少なく，スクールカウンセラーのスーパーヴィジョン経験が乏しいこと（金沢，2015）があげられる。このようなことから，スクールカウンセラーは，第三者の意見を取り入れ，日々，臨床経験を積んで真のカウンセリングをマスターしていくことに今後の課題がある。

	著者	タイトル	雑誌	概要
①	中山美智子 （1994）	思春期不登校A子6年間の治療的過程	心理臨床学研究，12，14-26.	母親面接とA子へのプレイセラピーの過程が示されている
②	大塚真由美 （1997）	緘黙児の訪問面接の意義	心理臨床学研究，15，89-97.	緘黙を示す不登校中学生に訪問面接から絵画療法，プレイセラピーそしてグループ活動へと展開した過程が示されている
③	小林朋子 佐藤広江 杉山雅彦 （2002）	不登校状態のまま中学を卒業した少女の問題行動に対する行動カウンセリング的介入	カウンセリング研究，35，163-172.	不登校のまま中学を卒業したケースに生活規則を遵守させたり，日常の課題を与えることで社会適応し出した過程が示されている

④	田中慶江 (2003)	心因性頻尿から不登校に至った中学生のスクールカウンセリング	心理臨床学研究, 21, 329-340.	頻尿症のケースに箱庭を通した治療過程が示されている
⑤	青戸泰子 田上不二夫 (2005)	他者とのポジティヴな関係と不登校生徒の自己イメージの変容との関連	カウンセリング研究, 38, 406-415.	認知行動療法に基づく自己プランニング・プログラムを実施した過程が示されている
⑥	福丸由佳 (2005)	中学校における不登校の女子とのかかわり	心理臨床学研究, 23, 327-337.	スクールカウンセラーが相談室登校から教室へと橋渡しをしたケース
⑦	平井大祐 葛西真紀子 (2006)	オンラインゲームへの依存傾向が引き起こす心理臨床的課題	心理臨床学研究, 24, 430-441.	オンラインゲームの依存傾向に関する調査研究。抑うつ，無力感，不登校との関係を示している
⑧	竹田伸也 (2006)	不登校中学生に対する認知行動療法を用いた自律的行動の形成	心理臨床学研究, 24, 323-334.	甘え・依存性の強い不登校児に認知行動療法を行った過程が示されている
⑨	高嶋雄介 (2007)	選択性緘黙の子どもとの遊戯療法において身体感覚や身体の在り方に着目する意義	心理臨床学研究, 25, 257-268.	緘黙を示す小学校の不登校児の遊戯療法過程が示されている
⑩	唐澤由理 近藤俊彦 織田　順 (2008)	家庭内暴力を伴う不登校男子中学生への多面的支援	カウンセリング研究, 41, 266-276.	家庭内暴力を伴う不登校児に適応指導教室や親子並行面接が奏効したケース
⑪	中村恵子 田上不二夫 (2008)	相談室登校の中学生の相談室での充実感と教室登校との関係	カウンセリング研究, 41, 254-265.	相談室登校からどのようにして教室登校できたかを心理テストを用いて明らかにしている

	著者	タイトル	雑誌	概要
⑫	後藤かおる (2009)	不登校を通してアイデンティティ発達に取り組んだスクールカウンセリングの事例	心理臨床学研究, 27, 289 – 300.	エコシステミックモデルに即して学校や高校生生徒とその家族に関わった過程が示されている
⑬	赤川　力 (2010)	スクールカウンセリングにおける思春期男子との心理臨床	心理臨床学研究, 27, 675 – 682.	不登校生徒との面接過程をユングの分析心理学に基づいて考察している
⑭	本田早由里 (2014)	不登校を通して"本当の自分"を育んだ中学生女子との面接過程	心理臨床学研究, 32, 204 – 214.	「良い子」を演じてきた不登校女子との面接過程
⑮	金子恵美子 伊藤美奈子 (2017)	小中学校における不登校経験者の通信制高校卒業後の適応状況	心理臨床学研究, 35, 657 – 663.	不登校経験者に関する調査研究。不登校経験者の約8割が就学や就労をしているが，経験のない者に比べて無職が多いという

（2）　母親面接とそのグループアプローチ

　母親面接の目的は，主に不登校の子どもの関わり方の改善や不登校の子どもをもつ母親グループを形成し，悩みを分かち合ってその対策を話し合うことである。このようなことから，母親を担当するスクールカウンセラーは，心が成熟している者が望ましいと思われる。心の成熟とは，オルポート（Allport, 1961　今田監訳，1968）によれば社会性，共感性，安定性，現実感があることをいう。

	著者	タイトル	雑誌	概要
①	長尾　博 (1987)	登校拒否を示す青年をもつ母親の性格特性と母子の治療的展開との関連	カウンセリング研究, 20, 1 – 10.	中学・高校生の不登校事例10ケースの母親面接からその特徴を抽出し，治療的な展開との関係を示している

②	内田利弘 （1992）	登校拒否治療における「親の期待」に関する一考察	心理臨床学研究，10，28-38.	不登校児の母親面接過程を操作的期待，行き詰まり，あきらめの3段階をケースを通してあげている
③	谷井　淳 （1996）	登校拒否の子どもをもつ親の親役割行動の特徴	カウンセリング研究，29，60-67.	不登校の子どもの親の特徴を健常群と比較した調査研究
④	栗原輝雄 （1998）	ある登校拒否児の母親の子ども受容過程	カウンセリング研究，31，153-164.	母親の子どもからの分離の在り方を事例を通して述べ，母親が治療者を「安心・信頼できる人」と認知できることの重要性をあげている
⑤	富田恵子 （2000）	不登校児の親の変化過程への援助方法	心理臨床学研究，18，38-45.	不登校児をもつ母親のグループワーク過程を7段階に区切ってまとめている
⑥	板橋登子 佐野秀樹 （2004）	不登校児の母親についての研究の現状と課題	カウンセリング研究，37，74-84.	不登校の子どもをもつ母親についての調査研究やケース研究をまとめている
⑦	安村直己 （2004）	兄弟ともに不登校に陥った両親へのアプローチ	心理臨床学研究，22，23-34.	親機能のバランスという観点から子どもの特性に合わせて任せるかガイドするかを事例を通して述べている
⑧	中地展生 （2011）	不登校児の親グループに参加した母親からみた家族システムの変化に関する実証的研究	心理臨床学研究，29，281-292.	不登校児をもつ母親のグループワークの過程で家族の変化を調査している研究
⑨	丸山　明 （2013）	学校臨床における保護者面接から心理療法への移行について	心理臨床学研究，31，27-37.	保護者（母親）面接の関わりの程度や終結の目安について基本的な見解をまとめている
⑩	藪下　遊 （2015）	不登校の親面接における「迷い」の意義	カウンセリング研究，48，97-104.	不登校児の母親面接3事例から母親の3種類の「迷い」を考察している

（3）　発達障害

　「診断」（diagnosis）というものは，「治療」（treatment）につながらなければならない。アメリカでは，1950年代から今日まで発達障害の診断名はさまざまに変遷してきた。わが国では，1990年代から発達障害という診断名がにわかに注目され，今日，教師や臨床心理士は，安易に発達障害というレッテルを貼りやすい傾向がある。発達障害であるかどうかを診断するのはあくまでも医師であり，スクールカウンセラーは，医師の補助役として機能する。発達障害の不登校生徒と関わるには，とくに根気，体力，許容力が必要である。

	著者	タイトル	雑誌	概要
①	マックウィリアムス淳子（1993）	注意欠陥多動障害	心理臨床学研究, 11, 174-183.	ADHD の特徴と治療法の概要を示している
②	桜井美加（2003）	ADHD児の攻撃行動に対する多面的アプローチの効用	心理臨床学研究, 20, 533-545.	ADHD の治療モデルとして，①薬物療法，行動療法，支持療法を行う，②ネットワークモデル：専門家を中心にネットワークを作り連携していくことと本人，親，教師が連携して本人を良くしていくことの2つをあげている
③	岡田　智後藤大士上野一彦（2005）	ゲームを取り入れたソーシャルスキルの指導に関する事例研究	教育心理学研究, 53, 565-578.	LD, ADHD, アスペルガー症候群の5名の小学生男子にゲームもふくんだ SST を8回行い，効果としてアスペルガー症候群の生徒が得られなかったことを示している

④	小泉令三 若杉大輔 (2006)	多動傾向のある児童の社会的スキル教育	教育心理学研究, 54，546－557.	ADHDの小学2年生男児に個別指導とクラスでのSSTの併用によって多面的に効果があったケースを示している
⑤	南野美穂 (2007)	ADHDを抱える思春期の少年との面接過程	心理臨床学研究, 25，25－36.	ADHDの思春期の内的世界を風景構成法を通して精神分析のBionの理論から考察している
⑥	滝吉美知香 田中真理 (2009)	あるアスペルガー障害者における自己理解の変容過程	心理臨床学研究, 27，195－207.	9名の広汎性発達障害の心理劇グループでの治療過程を3期に分けて示している
⑦	疋田祥子 今田里佳 (2010)	多動衝動・不注意を有する児童を対象としたSSTプログラムの開発と効果の検討	心理臨床学研究, 28，140－150.	ADHD26名とアスペルガー症候群4名の小学生グループに8回のSSTプログラムを実施した効果を示している
⑧	竹中菜苗 (2010)	自閉症児のプレイセラピーの可能性	心理臨床学研究, 28，161－171.	3歳11か月の自閉症児の遊戯療法過程を「融合」と「分離」という視点から考察している
⑨	塩本穀明 (2011)	自閉症の中学生男子に対する描画を用いた訪問面接	心理臨床学研究, 29，465－475.	自己意識が希薄な自閉症児に描画からクロスワードへと遊びが展開した過程が示されている
⑩	永山智之ほか (2012)	わが国における「発達障害」への心理療法的アプローチ	心理臨床学研究, 30，796－808.	発達障害への「関わり方」と「寄与しうる点」についてメタ分析をして分類している

⑪	竹森元彦 (2012)	ADHD の小１男児と保護者と学校全体を統合的に支援したスクールカウンセリングの１事例	心理臨床学研究，30，51－62.	スクールカウンセラーが，不登校の ADHD 児に本人，保護者，学校との連携によって支援したケースをあげている
⑫	原　英樹 (2014)	アスペルガー症候群の男児への認知関連上の問題に焦点をあてた援助	カウンセリング研究，47，170－178.	共感性の欠如について小学４年生のケースを通して治療者とのやり取りの中で共感性が学習される過程を示している
⑬	小澤永治 (2014)	自閉症スペクトラム障害をもつ児童養護施設入所児童への多面的アプローチ	心理臨床学研究，32，588－598.	養護施設内の自閉症児へのさまざまな対人関係への支援についてが示されている
⑭	中西　陽 石川信一 神尾陽子 (2016)	自閉スペクトラム症的特性の高い中学生に対する通常学級での社会的スキル訓練の効果	教育心理学研究，64，544－554.	自閉傾向のある中学生９名に対して SST を３回行い効果があったことが示されている
⑮	岡村章司 渡部匡隆 (2017)	自閉スペクトラム症幼児の両親に対する夫婦間コミュニケーション行動を促す支援の検討	カウンセリング研究，50，152－159.	自閉症の幼児をもつ夫婦に対して幼児の日常の行動記録をもとに話し合いを深める過程を示している

（4）　いじめ

　本書の第Ⅱ部第２章「不登校対応の方策」の「５　環境調整（1）いじめ」の項で示しているように小学生のいじめ件数が多い。一般にスクールカウンセラーが関わるのは，ほとんど被害生徒である。勝間・山崎（2008）の研究結果

から日本の小学生の場合，アメリカとは異なって否定的なうわさをしたり，他者を排除する「関係性攻撃」（relational aggression）と共感性とは負の相関があることが明らかにされていることから，いじめる加害者側の共感性を高めていく必要があると思われる。また，アメリカのスクールカウンセラーのようにいじめのないクラス経営について教師に助言できるスクールカウンセラーの養成が必要である。

	著者	タイトル	雑誌	概要
①	神村栄一 向井隆代 （1998）	学校のいじめに関する最近の研究動向	カウンセリング研究, 31, 190-201.	わが国における1980年代から1990年代までの「いじめ」に関する研究をまとめている
②	上地広昭 （1999）	中学生のいじめの対処法に関する研究	カウンセリング研究, 32, 24-31.	中学生と教師のいじめた対処法の調査から教師は，「危機介入」, 生徒は，「無抵抗・服従」が強いことが示されている
③	本間友巳 （2003）	中学生におけるいじめの停止に関連する要因といじめ加害者への対応	教育心理学研究, 51, 390-400.	中学生のいじめ調査から, 加害者への道徳・共感に関する指導がいじめを防ぎ, 加害者に対して教師は深く関わる必要があることを示している
④	藤原小百合 増田梨花 橋口英俊 （2004）	いじめにより不登校になった中学3年男子の事例	カウンセリング研究, 37, 345-351.	いじめにより不登校になった生徒の遊戯療法で感情が表出する過程を示している

⑤	岡安孝弘 高山　巌 (2004)	中学校における啓発活動を中心としたいじめ防止プログラムの実践とその効果	カウンセリング研究，37，155－167．	オーストラリアのピースパックをモデルに教師，保護者，学外講師などが連携していじめ防止プログラムに取り組んだが，効果は大きくはなかったことが示されている
⑥	鈴木純江 鈴木聡志 (2008)	いじめの被害者に対する支援	カウンセリング研究，41，169－179．	いじめ被害者へのエンパワーメントアプローチ，つまり①支持，②教育，③勇気づけ，④協働の4段階の支援についてケースを通して説いている
⑦	大西彩子 黒川雅幸 吉田俊和 (2009)	児童・生徒の教師認知がいじめの加害傾向に及ぼす影響	教育心理学研究，57，324－335．	小学・中学生のいじめ調査から，教師の受容・親近・自信・客観的態度がいじめを防ぐことが示されている
⑧	黒川雅幸 (2010)	いじめ被害とストレス反応，仲間関係，学校適応感との関係	カウンセリング研究，43，171－181．	直接的ないじめと携帯やパソコンを通してのいじめとの比較調査から，電子機器によっていじめられた中学生は抑うつ，不安が強く，仲間の人数が少ないことが示されている
⑨	内海しょか (2010)	中学生のネットいじめ，いじめられ体験	教育心理学研究，58，12－22．	中学生のネットいじめに関する調査から，インターネット使用時間が長いほどネットいじめの加害や被害経験があるという

⑩	藤　桂 吉田富二雄 (2014)	ネットいじめ被害者における相談行動の抑制	教育心理学研究, 62, 50-63.	高校生・大学生を中心に過去にネットいじめを経験した者をもとに調査した結果,被害の脅威認知があり,無力感が生じて相談行動が抑制されたことが示されている
⑪	中村玲子 越川房子 (2014)	中学校におけるいじめ防止を目的とした心理教育的プログラムの開発とその効果の検討	教育心理学研究, 62, 129-142.	いじめ否定規範を高めるために中学生に授業時間を用いて SST に基づくロールプレイを行った結果,いじめ否定規範は高まったことが示されている
⑫	原田宗忠 (2016)	いじめの加害に関する要因	心理臨床学研究, 34, 390-400.	中学生の調査結果から,いじめ加害者は,自己像が不安定である点がある
⑬	伊藤美奈子 (2017)	いじめる・いじめられる経験の背景要因に関する基礎的研究	教育心理学研究, 65, 26-36.	小学・中学・高校生を対象に「いじめ」に関する調査を行い,被害者の自尊感情の低さを明らかにしている

(5)　スクールカウンセラーの職務

　河合 (1998) は,わが国でスクールカウンセラー制度ができた当初,「スクールカウンセラーは,異質なものを学校に入れ込む必要がある」といっている。しかし,今日に至っても明確にはスクールカウンセラーの職務は定まっていない。また,臨床心理士の職務についても曖昧な点が多い。成瀬 (2003) は,「臨床心理士のアイデンティティは,そもそも曖昧である」といい,精神科医の土居 (1991) は,「心理療法家の手本はなく,常に患者から学ぶだけである」といっている。この曖昧さを明確にするには,自分を正しく知り,クライエントを正しく知ることではなかろうか (参照;長尾,2022b)。

	著者	タイトル	雑誌	概要
①	伊藤美奈子 (1996)	スクールカウンセラー制度に対する学校現場の認識と要望について	カウンセリング研究，29，120–129.	教師を対象とした調査結果から，スクールカウンセラーの仕事がよくわからないという意見が多く，生徒へのカウンセリングと教師の相談にのることが主な期待であることが示されている
②	中島義実ほか (1997)	義務教育現場における教員の期待するスクールカウンセラー像	心理臨床学研究，15，536–546.	教師に対してのスクールカウンセラーへの期待に関する調査では，生徒への専門的，直接的援助と良い人格が示されている
③	長坂正文 (1998)	学校内カウンセリングの諸問題	心理臨床学研究，15，611–622.	学校内でカウンセリングを行う上での時間，場所，守秘義務という「構造」の難しさをあげている
④	徳田仁子 (2000)	スクールカウンセリングにおける統合的アプローチ	心理臨床学研究，18，117–128.	スクールカウンセラーの段階的アプローチが明記されている。まず，担任教師にある不登校ケースについて関わり方を助言し，その後，スクールカウンセラーが訪問面接で風景構成法を行い，内省力がついたということが示されている
⑤	半田一郎 (2003)	中学生がもつスクールカウンセラーのイメージ	カウンセリング研究，36，140–148.	スクールカウンセラーに対する中学生のイメージは，かかわりのない生徒は，「静的」イメージをもつことが示されている

⑥	小林朋子 古池若葉 (2003)	教職員の子ども虐待に関する知識と対応について	カウンセリング研究, 36, 240-245.	小・中学校の教師に児童虐待に関する調査を行った結果, 教師は, スクールカウンセラーに親から虐待を受けている生徒にどのように対応したらよいか専門的な答えを聞きたいという意見が多かったという報告
⑦	河村茂雄 武藤由佳 粕谷貴志 (2005)	中学校のスクールカウンセラーの活動に対する意識と評価	カウンセリング研究, 38, 12-21.	教師に対しての調査結果から, カウンセラー配置校の方が非配置校よりもカウンセラーへの期待が低いことが示されている
⑧	三浦正江 (2006)	中学校におけるストレスチェックリストの活用と効果の検討	教育心理学研究, 54, 124-134.	不登校の予防のために中学生にストレスチェックをし, 問題のある生徒に教師がストレス対応を行ったところ, 不登校は減ったという報告
⑨	長坂正文 (2006)	不登校への訪問面接の構造に関する検討	心理臨床学研究, 23, 660-670.	スクールカウンセラーがよく行う訪問面接39ケースをとらえ, その「構造」が, 厳守されていたケースは20％であったことが示され, 訪問面接の難しさを指摘している
⑩	竹崎登喜江 (2006)	スクールカウンセラーによる定期的な家庭訪問が教師の不登校対応に功を奏した事例	カウンセリング研究, 39, 281-289.	スクールカウンセラーが, 担任や校長と信頼関係を築くために不登校中学生の訪問面接を行った結果, 後に連携が取れるようになったという報告

⑪	川俣理恵 河村茂雄 (2007)	中学で長期不登校を経験した女子生徒への高校相談室での居場所づくりを基盤とした援助	カウンセリング研究, 40, 287-294.	高校生の中途退学が多い中, 高校生ケースにスクールカウンセラーが, 学校での居場所の提供と対人関係の拡張を行った報告
⑫	高嶋雄介ほか (2007)	学校現場における教師と心理臨床家の「視点」に関する研究	心理臨床学研究, 25, 419-430.	スクールカウンセラーと教師に想定された場面についてP-Fスタディ風の投映法を用いて比較したところ, スクールカウンセラーは, 「内面」を, 教師は,「状況」をとらえやすいという報告
⑬	高嶋雄介ほか (2008)	学校現場における事例の見方や関わり方にあらわれる専門的特徴	心理臨床学研究, 26, 204-217.	スクールカウンセラーと教師との事例のとらえ方の比較をし, 視点不定型, 俯瞰型, 視点固定型の3つの事例のとらえ方が明らかにされている
⑭	佐々木佳穂 苅間澤勇人 (2009)	スクールカウンセラーによる学級経営への支援	カウンセリング研究, 42, 322-331.	スクールカウンセラーがクラスのアセスメントや学級経営のために学級生活満足度尺度を用いて教師に対応した結果, 対人関係や基本的生活習慣が良くなったという報告
⑮	土居正城 加藤哲文 (2011)	スクールカウンセラーの職務内容の明確化がスクールカウンセラーと教員の連携促進に及ぼす効果	カウンセリング研究, 44, 189-198.	スクールカウンセラーの職務内容を明確にするために教師と協議してスクールカウンセラー活用プログラムを作成し, 連携に効果があったという報告

（6）　連携による治療

　連携には，互いに連絡し，協力し合う cooperation と同じ目的のために対等な立場で協力して共に働く collaboration の２つがある（中嶋，2015）。連携の仕事は，クライエントの心理アセスメントを他職の者に伝え，円滑なコミュニケーションをとっていくことである。スクールカウンセラーの他職の者としての対象は，主に治療機関のスタッフ，ケースワーカー，適応指導教室のスタッフである。他職の者と異なるスクールカウンセラーの特殊性は，とくにクライエントを生い立ちからとらえたり，クライエントの内面をみていくことである。その際，他職の者にわかりやすく伝え，また，適切な距離を保って交流をし，とくに教師には即答しなければならない。公認心理師が，認定された今日，どの職場においてもこの連携が重視されるであろう。連携を行う際，クライエントが話した内容の守秘義務をどうするかに迫られるであろう。その判断，つまり，どの程度クライエントの守秘義務を守るのかはそのスクールカウンセラーの人間観や人生観次第であろうと思われる（参照；長尾，2021a）。

	著者	タイトル	雑誌	概要
①	今井晼弍 （1998）	学校教師へのコンサルテーション過程より	心理臨床学研究，16，46 – 57.	スクールカウンセラーが教師へ相談にのる過程を２事例示し，ユング流に考察している
②	目黒達哉 （1998）	登校拒否児M子へのコミュニティ・アプローチ	心理臨床学研究，16，138 – 149.	コミュニティカウンセラーが，M子と父親的関わりや学生らとボランティア活動をした過程が示されている

③	中島義実 (1999)	不登校生徒に対する担任教師の取り組みを支えた校内心理臨床活動の事例	心理臨床学研究， 17，366 – 377.	スクールカウンセラーによるフォーマルとインフォーマルな対話の使い分け，教師の生徒に関する既有資源の活用，学校現場の特性を知ることの指摘をしている
④	小林幹子 (2001)	教育相談における地域連携を目指した実践的研究	心理臨床学研究， 19，181 – 191.	公立相談室の臨床心理士が関わった78ケースに基づいて学校，施設，病院，保健所などと連携する具体例を示している
⑤	野々村説子 (2001)	学校教師へのコンサルテーション	心理臨床学研究， 19，400 – 409.	高校生3事例を通して，カウンセラーが教師に常に生徒を主役にしてアセスメント，ケースの関わり方を助言することを述べている
⑥	北添紀子 渋谷恵子 岡田和史 (2005)	学校臨床における守秘義務および他職種との連携に関する意識調査	心理臨床学研究， 23，118 – 123.	教員，精神科医，スクールカウンセラーに想定する事例との関わり方や連携の仕方についての調査をし，教員は，保護者を，他の職種は，生徒本人を重視し，連携の仕方は，教員と他の職種の者とにずれがあることが示されている
⑦	小林朋子 (2005)	スクールカウンセラーによる行動コンサルテーションが教師の援助行動および児童の行動に与える影響について	教育心理学研究， 53，263 – 272.	行動という側面から不登校の小学生ケースに関して教師へ具体的な目標とその助言を行ってケースの社会的スキルが学習されたという報告

⑧	佐藤仁美 (2006)	スクールカウンセラーと教師の協働	心理臨床学研究, 24, 201 - 211.	スクールカウンセラーと教師が合同面接を不登校生徒やその親に行うことの意義を述べている
⑨	吉村隆之 (2010)	教員がスクールカウンセラーへ相談するプロセス	心理臨床学研究, 28, 573 - 584.	教員とスクールカウンセラーに面接を行い，グラウンデッド・セオリー分析の結果，教員のスクールカウンセラーへの関わりは，同僚として，打開できない問題に直面している，個人的な悩みの3つの過程があることを示している
⑩	土居正城 加藤哲文 (2011)	スクールカウンセラーと教員の連携促進要因の探索的研究	カウンセリング研究, 44, 288 - 298.	教師とスクールカウンセラー調査を行い，受け入れ体制尺度，SC活動尺度，連携行動尺度の3尺度を作成しスクールカウンセラーの関係形成，積極性，学校に合わせる態勢が示されている
⑪	新井　雅 庄司一子 (2016)	スクールカウンセラーと教師のアセスメントの共有方略が協働的援助に及ぼす影響	心理臨床学研究, 34, 257 - 268.	アセスメントの教師とスクールカウンセラーの共有に関して多くの尺度を用いて調査を行い，その結果に基づいて連携を行った報告
⑫	石原みちる (2016)	スクールカウンセラーによる教師に対するコンサルテーションの研究動向と課題	カウンセリング研究, 49, 96 - 107.	わが国におけるスクールカウンセラーの学校でのコンサルテーションの1990年代から2000年代前半までの研究をまとめている
⑬	石原みちる (2018)	教師が経験したスクールカウンセラーによるコンサルテーションプロセスの質的研究	心理臨床学研究, 36, 311 - 322.	中学校教師に面接を行い，グラウンデッド・セオリー分析の結果，コンサルテーション終結までの6段階が明らかにされている

（7）　無気力

　ウォルターズが，スチューデントアパシーという語を唱えて以来，半世紀以上が過ぎた今日においても無気力な子どもたちは，不登校，ひきこもり，ニートなどという形で増加している。笠井ら（1995）による主に小学・中学生を対象とした無気力尺度では，「意欲減退・身体的不全感」，「充実感・将来的展望の欠如」，「積極的学習態度の欠如」，「消極的友人関係」，「あきらめ」の5因子が抽出されている。この因子の内容は，現代青年の心の問題が抽出されているととらえられる。筆者は，斎藤（1998）の『社会的ひきこもり』（PHP新書）の刊行以後，とくにわが国の青年は「自己愛」（narcissism）的青年が増えてきたととらえている（参照：長尾，2021b）。

	著者	タイトル	雑誌	概要
①	鶴田一郎 （1996）	思春期のアパシー型不登校についての臨床的検討	カウンセリング研究，29，97－109.	アパシー型不登校22事例の分類をし，⑴強迫型，⑵自己愛型，⑶境界例型の3つがあることを示している
②	下坂　剛 （2001）	青年期の各学校段階における無気力感の検討	教育心理学研究，49，305－313.	中学・高校・大学生の無気力感に関する調査から，自己不明瞭，他者不信・不満，疲労の3つの因子が抽出され，中・高校生の無気力は，学習意欲や友人関係と関連がみられた
③	牧　郁子 （2011）	中学生における無気力感の予防・対処要因	カウンセリング研究，44，136－147.	中学生の無気力感についてパス解析を行い，その過程を明らかにしている。偏った対人関係や勉強についての思考がみられ，男子は，友人関係の改善が，女子は，教師との信頼関係が無気力の予防になることが示されている

（8）　適応指導教室（教育支援センター）

　文部科学省（2019）は2017年度（平成29年度）に「適応指導教室」に関する調査を行っている。その結果では，全国の自治体の63％に適応指導教室があり，小学生が4,011人，中学生が16,710人，高校生が145人通っているという。しかし，適応指導教室に勤務する臨床心理士は少なく，長期欠席の不登校生徒が増えている今日，臨床心理士・公認心理師の適応指導教室の就職が望まれる。また，文部科学省は適応指導教室のねらいを「学校復帰」としており，フリースクールのような居場所としての教室を願う生徒やその保護者の期待に反している点も問題点としてある。

	著者	タイトル	雑誌	概要
①	中川厚子 森井ひろみ 鶴田桜子 （1997）	適応指導教室の機能に関する研究	カウンセリング研究，30，255-265.	適応指導教室の卒業生の調査から，居場所の確保，対人関係の学習，学習の補習，進路の決定の4つの機能が示されている
②	下山寿子 須々木真紀子 （1999）	適応指導教室における相談活動	カウンセリング研究，32，163-172.	適応指導教室に通う93名の不登校児の特徴が示され，認めてほしい気持ちや同世代の子どもに入れない，勉強に自信がない点があげられている
③	喜田裕子 （2001）	適応指導教室を併用した定期的心理面接の意義	カウンセリング研究，34，214-224.	無気力型の不登校児に相談室で面接していたが，意欲がみられず，適応指導教室で遊び，スポーツ，作業を通して関わった結果，生徒は自己直面できて成長していった報告

④	河本　肇 （2002）	適応指導教室の目的と援助活動に関する指導員の意識	カウンセリング研究，35，97-104.	498名の指導員への調査結果から，臨床心理士との連携の必要性や6つの果たすべき職務が明らかにされている
⑤	本間恵美子 粕谷美紀 花屋道子 （2005）	適応指導教室通級生徒の対人ストレッサーとソーシャルサポート	カウンセリング研究，38，149-161.	適応指導教室の生徒44名と登校している生徒66名とのストレスに関する調査結果から，不登校生徒は，友人関係のストレスが高く，教師からのサポートも高いことが示され，登校児は教師からストレスを受けやすいことが示されている
⑥	大鐘啓伸 （2005）	適応指導教室に関する実態調査研究	心理臨床学研究，22，596-604.	全国の274の指導教室の調査結果から，1つの教室に平均8.4人の生徒がいて，さまざまな問題をもっていることや臨床心理士は，わずか4.2%しか配属されていないという報告である
⑦	中野まり （2008）	適応指導教室における学校訪問活動についての検討	カウンセリング研究，41，356-366.	適応指導教室の臨床心理士が，指導教室に通う9名の不登校児に普通学級にもどれた支援の方法が示されている。具体的な目標を設定することの重要性が指摘されている
⑧	中村恵子 小玉正博 田上不二夫 （2011）	適応指導教室での充実感と登校行動との関連	カウンセリング研究，44，28-37.	指導教室に通う360名の生徒の調査結果から，指導教室での仲間関係や指導員との関係が，充実感を生むが，普通学級にもどるにはその学校の環境の改善が必要なことが示唆されている

（9）　教師による関わり

　ひとくちに教師といっても小学，中学，高校の職務の違いや教育対象の違いから教師の個性や役割は異なっている。また，スクールカウンセラーの中にも小学校教師と相性が合う者と高校教師と相性が合う者がいる。

　スクールカウンセラーの教師との関わりは，「コンサルテーション」（consultation）である。このコンサルテーションとは，長年のスクールカウンセラー経験をもとに心の問題をもつ生徒の心理アセスメント（見立て）を教師に伝え，連携してその生徒の問題に対処していくことである。その際，主役は，その保護者ではなく，心の問題をもつ生徒であり，安定して教師と関わっていくことが重要である。

	著者	タイトル	雑誌	概要
①	平岡篤武 （1989）	中学生登校拒否児に対する環境療法	心理臨床学研究，7，5 – 17．	情緒障害児短期治療施設での不登校児が多くのスタッフと関われることの一長一短を明らかにしている
②	網谷綾香 （2001）	不登校児と関わる教師の苦悩と成長の様相	カウンセリング研究，34，160 – 166．	6名の不登校児と関わったことがある教師に面接をし，挫折感，自責感，怒りや苛立ちを経験し，無力感も生じたが，教師としての成長になったことが報告されている
③	伊藤美奈子 （2003）	保健室登校の実態把握ならびに養護教諭の悩みと意識	教育心理学研究，51，251 – 260．	小中高の養護教諭285名の調査結果から保健室登校に関して，多忙感，連携の悩み，対応不全があり，スクールカウンセラーがいる学校は養護教諭の対応上の不安は低いことが示されている

④	山本　奬 (2007)	不登校状態に有効な教師による支援方法	教育心理学研究, 55, 60-71.	小中高の教師の調査から,不登校を見る視点として,「自己主張」,「行動・生活」,「強迫傾向」,「身体症状」の4つをあげ,教師の各対応法をあげている
⑤	五十嵐哲也 (2011)	中学進学に伴う不登校傾向の変化と学校生活スキルとの関係	教育心理学研究, 59, 64-76.	小学6年生と中学1年生の調査から,不登校傾向には,遊び非行型,在宅希望型,別室登校型,精神・身体症状型の4つがあり,各タイプでスキル不足が異なることを示している
⑥	相樂直子 石隈利紀 (2011)	養護教諭が行う援助チームにおけるコーディネーションの検討	カウンセリング研究, 44, 346-354.	保健室登校児の養護教師のチーム援助のコーディネーションとしてチームの形成,チームの活動,チームの拡張があるという
⑦	藤井茂子 石隈利紀 濱口佳和 (2018)	小学生の母子保健室登校による養護教諭の心理的変容モデルの構築	カウンセリング研究, 51, 14-26.	13名の養護教師に保健室登校の母子と関わった過程を面接し,グラウンデッドセオリーアプローチ分析から,養護教師のコーディネイターとしての役割や母親を受容する役割が明らかにされている

（10）　考察

　既述した9領域別に不登校の対応についてみていきたい。スクールカウンセラーによる生徒との1対1の関わりに関する論文は,意外に少なく,しかもカウンセリングの醍醐味であるカウンセラーと不登校生徒とがことばを主体に深く関わり,鮮やかに展開していった報告の論文はない。このことから,スクー

ルカウンセラーのカウンセリングの力不足が考えられる。1982年（昭和57年）の日本心理臨床学会の設立当時を振り返ると，それまで「臨床心理学は，心理学ではない」と断言していた実証・実験心理学を中心とする一部の心理学者[20]が，学会ができると心理臨床家へと即座に方向転換したことや，あまり準備をかけず，その経験のないまま見切り発車した1995年（平成7年）からのスクールカウンセラー活用事業が，今日のカウンセリングの力不足を生じさせているのではないかと思われる。今後の課題は，クライエント[21]（来談者）とのラポール[22]（信頼関係）の形成ができ，行動だけをとらえず，クライエントと内的な関わりができる臨床心理士への教育ではないかと思われる。

　(1)の領域では，「家庭内暴力」を示す不登校事例は，⑩の唐澤らの報告のみであり，この事例から，「家庭内暴力」事例は，家庭外，つまり適応指導教室や学校，病院とのつながりが必要であることがわかる。また，⑥の事例のようにスクールカウンセラーによる保健室や相談室から教室へと導入する「橋渡し」的役割が重要であり，また，難治な頻尿[23]の④の事例や緘黙の②と⑨の事例から，スクールカウンセラーの根気強さが必要なことがわかる。

　(2)の母親との関わりについては，総論としては，⑥の論文が参考になり，母親面接の基本については，⑨の丸山の論文が参考になる。①は，不登校児をもつ母親を分類したものであり，分類別の関わり方がわかる。母親との関わりは，グループを形成して行うと⑧のように家族の変容をも生む場合もあれば，1対1で行えば，②のように「あきらめ」という結果に終わることもある。いずれもスクールカウンセラーの臨床的手腕にかかっている。

　次に(3)の発達障害については，1990年代以前は，「障害心理学」[24]を専攻とする者や福祉関係の仕事をする者が発達障害の治療や教育に携わっていたが，それ以後，教師や保護者は，臨床心理士を発達障害の専門家としてとらえるようになった。また，学校に関連する災害や事件についての生徒や教師，保護者への「危機介入」[25]も本来，社会心理学者や保健医療に関わる者が中心に行ってきたが，今日では，教師や保護者は，臨床心理士の仕事として認識している。その歴史が浅いことから，発達障害について臨床心理士の専門性はど

の程度かわからないものの，⑩の永山らによる論文は，基本的でわかりやすい。発達障害の治療や教育は，行動療法[26]か遊戯療法[27]がほとんどである。①は，ADHDの特徴を知る総論であり，③から，さまざまな発達障害の中でもアスペルガー症候群が難治であることがわかる。アスペルガー症候群に関しては，⑫の論文が参考になり，とくに共感性[28]を学習していくカウンセラーとのやりとりが参考になる。

　(4)のいじめについては，論文が多い。いじめ予防の結論は，担任教師の生徒との関わる態度が重要であり，⑦に示されるように教師の受容・親近感のある態度が重要である。また，被害者側に立ったケースの報告は，④のみであり，③や⑪のように加害者への道徳や共感性の指導や教育が再発の予防につながることがわかる。また，最近，注目されているパソコンや携帯電話によるいじめについては，⑧や⑨が参考になり，電子機器の使用上のルールを学校や家庭で取り決めていく必要がある。

　また，(5)のスクールカウンセラーの職務については，①の調査結果で示されているように教師や保護者にとって，スクールカウンセラーの職務は，まだどのようなものかがわからない点が多く，長坂は，③の論文で学校でカウンセリングを行うことの難しさをあげ，⑨の論文でスクールカウンセラーが訪問面接を行うことの難しさもあげている。しかし，②の調査結果では，教師は，生徒へのスクールカウンセラーによる直接的，専門的援助を期待していることが明らかにされているものの，大学院でわずか30単位の修得とわずか2週間程度の実習では，真の専門性は身につかないのではないかと思われる。この点は，今後の課題であろう。また，高嶋らによる⑫や⑬に示される教師とスクールカウンセラーとの問題生徒をとらえる視点の違いについては，全国約100校の臨床心理士や公認心理師[29]を養成する大学院では，まだ共通の見解として認識されてはいない。こうしたスクールカウンセラーの職務の不明瞭さに対して，⑮のように教師とスクールカウンセラーとが話し合って活用プログラムを作成するという試みは注目できる。具体的には，④のように段階を追ったアプローチが理想であろう。しかし，スクールカウンセラーの専門性[30]が不明瞭だか

らといって⑩のようにスクールカウンセラーが，生徒本位ではなく，校長や教頭の要望通りに訪問面接をして信頼を得るという方法は臨床的ではない。今後のスクールカウンセラーの職務は，⑭に示されるように学校・学級経営についての教師や生徒への支援も望まれる。

　次に(6)のスクールカウンセラーによる連携については，現在のスクールカウンセラーの１対１のカウンセリングを行うことの力不足やその指導者の少なさを考えると今後の果たすべき大きな課題であろう。連携といってもスクールカウンセラーによる教師へのコンサルテーション（相談や助言）が中心であり，コンサルテーションの総論や動向については，⑫が参考になる。また，コンサルテーションの具体例としては，①や⑦が参考になる。どのようにして教師が，スクールカウンセラーにコンサルテーションを受けるかの過程については，⑨が参考になる。しかし，自らの学校臨床経験を活かしてコンサルテーションができるスクールカウンセラーが少ないことから，⑩や⑪のように教師と共有できる尺度を用いてコンサルテーションをしていく方法もあり，この方法は，現実的であり，実践的である。本来の連携とは，②や④に示すように地域をネットワークとした連携であるがまだこの段階に進んでいないのが現状であろう。

　(7)の無気力型の不登校[31]が増えているにもかかわらず，その論文は少ない。②は，無気力についての調査結果であり，無気力は勉強への意欲やその劣等感，対人関係の不全感が関連していることがわかる。①は，無気力についての精神病理的[32]な見方を示しているが，学校現場では理解しにくく，すぐに役立つ内容ではない。また，③は，無気力にならない予防のために男子は，交友関係においての，女子は，教師との関係においての信頼関係が重要であることがわかる。

　次に(8)の適応指導教室については，不登校の対応として実践的であることから論文は多い。今後，スクールカウンセラーが，注目していくべき観点である。適応指導教室の具体的な目的については，①が参考になる。また，適応指導教室に通う不登校生徒と一般の登校している生徒との特徴の違いについては，②が参考になり，③では，カウンセリングルームで格式ばってカウンセリングを

行うことよりも適応指導教室で自由に遊び，作業をし，スポーツをしていくことのほうが活力を生じさせるという結果が示されている。②や③の論文から不登校生徒の個性を活かせる教育や文化があるのではないかという点が考えさせられる。また，⑥では，臨床心理士が配属されている適応指導教室は，全国でわずか4.2％であり，１つの教室に平均して８人程度の生徒が通っていることが明らかにされている。スクールカウンセラーがどのようにして適応指導教室から学校の普通学級に導いたかについては，⑦が参考になる。

　最後に(9)の教師による関わりについては，⑤は，教師にとって不登校生徒のタイプを知る意味で役に立つ論文である。また，スクールカウンセラーに頼らなくても養護教師によって不登校生徒に対応できることが，⑥や⑦の論文によってわかる。しかし，養護教諭が不登校生徒と関わっていくことに苦難があり，それは，③の調査結果からもわかる。不登校生徒を抱える教師の苦悩については，②にその過程が具体的に示されており，それは，教師が，この苦悩を乗り越えて成長していく過程である。また，教師は，①で示される施設で生活する不登校生徒の様態も知っておくことも必要がある。

　以上，不登校に関する代表的な研究をあげたが，わが国の心理臨床に関する研究水準は低く（上里，1992），また，臨床心理士の中で研究を行っている者は34％（日本臨床心理士会，2016）と少ない。上里（1992）は，研究上の問題点として，論文のタイトル内容が曖昧である，先行研究をあげていない，用語の説明不足，臨床的事実やデータの解析の仕方が曖昧であることをあげている。また，論文審査に関しても審査者自身が論文数が少ないこともあり，その評価基準も時勢の影響が強い。たとえば，医師のグヤット（Guyatt, 1991）が「根拠ある医学」（evidence based medicine）を提唱して以来，臨床心理学においても客観的な「根拠」を重視するようになり，それまで臨床経験（例：前田（1978）は，心理臨床は経験が７分で読書が３分といい，鑪（1988）は，心理臨床は臨床経験の組織化であるといっている）を重視していた心理臨床の研究評価基準は大きく変化していった。筆者は，心理臨床の研究は客観的な「根拠」にもとづく統計的解析も重要であるが，心理臨床の研究においては，その臨床家のも

つ哲学（人生観や人間観）と心の問題の変化基準も重要であるととらえている（参照；長尾，2021a，2022a）。

第Ⅱ部

不登校のケース編

第1章
不登校生徒の特徴別ケース

　以下に提示するケースは，臨床家の守秘義務やケースのプライバシーの尊重を重視して加筆・修正をしている。

　不登校生徒に対してスクールカウンセラーが，カウンセリングを行う場合，その目的は，さまざまある。一般には，登校できることがあげられ，教師や保護者は，この目的は当然のこととととらえているが，臨床心理士や公認心理師は，教師や保護者が期待している即登校できるという魔術的技法を習得していないため，むしろ交友関係や親子関係が修復できたり，改善できること，あるいは進路が明確になることがカウンセリングの目的になりやすい。以下に示すケースは，カウンセリング方針へつながる「心理アセスメント」(psychological assessment) として分類したものである。

1　分離不安型

　「分離不安」(separation anxiety) とは，「愛着」(attachment) 対象，とくに母親から離れきれない不安をいう。自分が破壊されるのではないかという「破滅不安」(annihilation anxiety) とともに人のもつ大きな不安である。精神科医のスピッツ (Spitz, 1957　古賀訳, 1968) は，「生後8か月の人見知り」

が生じ，人は，３歳頃まで母親からの分離不安が強いと唱えた。しかし，母親からの「分離─個体化」過程を細かく見ていくと生後９か月には母親から少し分離できるが，再び生後15 か月頃から母親に接近するという（Mahler et al.，1975　高橋ほか訳，1981）。とくにジョンソンら（Johnson et al.，1941）は，「学校恐怖症」と名付けた不登校は，この分離不安が根源であると指摘している。しかし，この分離不安にも２つあり，母子共生関係ととらえられる母子双方とも離れきれない分離不安とボウルビー（Bowlby，1973　黒田ほか訳，1977）のいう愛着が乳児期に満たされなかったためにいつまでもその不満を表現するという分離不安とがある。河合（1997）は，わが国を母性社会であると唱え，わが国の母親のもつ子どもを「抱擁する」良き母性と子どもを「呑み込む」悪き母性があることを指摘している。わが国では，従来から不登校生徒の中にこの「呑み込む」母親をもつ者が多かったが，最近では，働く母親が増えて，愛着が満たされない分離不安をもつ子どもが増えているようである。スクールカウンセラーは，まず，この分離不安を見抜く臨床的手腕が必要である。つまり，行動や現象にある背後にある「分離不安」に気づく能力が重要である

　わが国の臨床心理士の歴史を概観すれば，当初，京都大学，九州大学，広島大学の教育学部の大学院生らの研究会から始まった心理療法の研究は精神分析療法やユングの分析的心理療法が主体であったが，日本心理臨床学会が開設された以後，その会員は増えて心理療法流派は，百花繚乱となり，以前，実証・実験心理学専攻であった者も加わり，行動だけを見て分離不安を見抜けず，真のカウンセリングの基礎を身につけた臨床家は減ってきたように思える。このような展開から，現在のスクールカウンセラーの中に不登校現象に潜む分離不安をアセスメントできる者は少ないのではないかと思われる。

　分離不安を背景にもつ不登校の治療法として，(1) 母親面接だけで子どもの「自立」（independence）を促す，(2) 不登校児と１対１で関わり家族からの分離不安を解消させる，(3) 母子ともに関わり，互いの分離不安を解消させることの３通りがある。とくに分離の方法として，ウイニコット（Winnicott，1958　北山監訳，1989/1990）のいう「移行対象」（transitional objects），つまり，

愛着となる対象（母親）から離れ，移行する対象，たとえば，友人やクラブ活動，恋人，好きなことの習いごとなど新しい対象へと心を充当させたり，また，愛着が充足していない分離不安の場合には，母親との一次的な愛着の充足を得ることがあげられる。

ケース　1

　A子　12歳　女子　中学1年生

〈問題〉小学入学時から五月雨型の不登校がある，中学に入学し，4月までは登校していたが，ゴールデンウィーク後から不登校を示す
〈家族構成〉父：37歳，会社員，放任的，母：33歳，主婦，過保護・過干渉，弟：9歳，活発・外向的
〈成育歴〉乳幼児期より病弱であった。そのためよく近所の病院に母親と通う。幼稚園に通う時も母親との分離不安がみられた。小学校入学時から母親と登校し，小学3年生まで続くが，小学4年生時によく世話をやく担任教師（女性）となり，ひとりで登校できるようになる。友だちも2～3人できる。卒業するまで問題はなかったが中学に入学し，5月から特別な原因もなく不登校を示す。以後，スクールカウンセラー（男性）が，A子とその母親と関わる。
〈性格〉おとなしく，消極的，やや神経質，真面目

❖治療過程
　スクールカウンセラーは，週1回，学校の相談室でA子と母親に約1年半関わる。
Ⅰ期：母子合同面接でラポールを形成する時期
　1回目から9回目までは，母子合同面接を行った。A子中心にゲームや描画をしてラポール形成をはかった。面接中の母親の介入は，初めは多かったが次第に減っていった。登校しない日のA子は，昼夜逆転はなく，母親の家事手伝

いと勉強が主であった。

Ⅱ期：母子並行面接をする時期

　　A子とのラポールが形成されたため，母親と離れての面接を促すと少し抵抗を示したが（母親に承諾を得るような態度を示す），10回目より個別面接を始めた。個別面接は，35回まで続き，その内容は友だちが欲しいことや母親が何かとうるさいという不満であった。一方，母親面接のほうは，初めは早くA子がクラスに入れたらという願いばかりの話であったが，A子が反抗し出したことの不安や自分のもつA子に対する干渉し過ぎる関わり方の反省が生じ始め，後半は，仕事中心の夫への不満を多く述べ出した。

Ⅲ期：移行対象ができる時期

　友だちを求めていたA子は，カウンセラーが，同じ相談室に通う不登校のB子を紹介すると気が合って親しくなる。A子の母親は，B子と交流をもつことを反対したが，A子は，B子を自宅にまで連れてきてつき合いが深まる。2年生になり，担任のリードもあって，約1年ぶりにA子とB子は，同時にクラスへ入り，登校し始める。

Ⅳ期：将来の目標を話す時期

　　A子が，クラスで適応ができるか見届けるために約半年間，母子並行面接を続ける。その過程で進路の話が多くなり，将来は保育士になりたいという。母親は，反対もせず，以前と異なってA子に対して口出しをしなくなった。夫婦の関係の相談にものって夫は，家族に協力的になる。この時点で面接を終了する。カウンセラーとA子との別れは，この日がいつかは来ることと予想していたように極自然な別れであった。

❖考察

　分離不安型の不登校にもA子のように軽度から母子共生関係の強い重度までがある。成人期まで続く「ひきこもり」の中に重度の分離不安ケースがあることは経験的に知っている。分離不安型の不登校に関わる場合，小学生のような年少児には，母子合同面接を，中学・高校の青年期の場合には，青年期の親か

らの自立を念頭におき母子並行面接を行うことが望ましい。また，カウンセラーの関わり方は，描画，粘土，コラージュ[33]，箱庭[34]，ゲームなどを通した関わり方から言語中心の関わり方へと展開していくことが望ましい。そこで大切なことは，ただ表現すればよいのではなく，表現内容の心理学的解釈[35]をカウンセラーが的確にできるかどうかである。また，分離への移行として，友だちのB子ができたことはA子にとって母からの分離不安を解消できたと思われる。また，一般にA子の母親のような過保護・過干渉的態度の母親の場合は，夫婦関係の不満や絆の浅さが起因していることが多い。そのため，スクールカウンセラーにとっては難しい課題ではあるが夫婦関係の調整を行うことも重要である。

2　過剰適応（よい子）型

「過剰適応」（overadaptation）とは，必要以上に環境へ過度に順応[36]（adaptation）することをいう。医学では，この語は2つの意味がふくまれており，1つは，アルコール依存症[37]（alcoholics）の保護者や虐待をする保護者に育った子ども（adult children）が，大人になってブラック（Black, 1982）のいう環境に順応して「しゃべらない，信じない，感じない」不適応状態を示しやすいという意味と，もう1つは，心身医学において，過剰に真面目，几帳面，責任感が強いという特徴をもつ者が，ストレスから生じる「過敏性腸症候群[38]」（irritable bowel syndrome）等の「心身症」（psychosomatic disease）になりやすいという意味とがある。

とくに不登校に関しては，1960年代から1970年代にかけて「優等生の息切れ」型の「登校拒否」といっていたタイプを今日では，「過剰適応」（よい子）型の不登校と呼んでいる。不登校となるきっかけは，日頃は「よい子」の生徒が学校でのクラブ活動や試合，授業の発表などでの失敗経験から不登校になることが多い。また，登校しても弱みを見せず，学校では真面目で帰宅するとその無理が疲れとなって現れやすい。また，学校での失敗経験が挫折につながり，

親から「ダメな子ども」と思われたととらえやすい。その治療は，「自尊感情
[39]」（self-esteem）の修復と「たとえ多くの欠点・欠陥があっても親から丸ご
と愛されている」という実感を子どもが得ることがポイントとなる。

ケース　2

　　C男　　14歳　　男子　　中学2年生

〈問題〉中学2年生の9月にサッカーの他校との試合でミスをし，C男のせい
で試合は負ける。以後，起床時から，腹痛，下痢や便秘が生じて不登校を示す。
〈家族構成〉父；40歳，教員，厳格，母；教員，支配的，姉；高校1年，優等
生
〈成育歴〉乳幼児期から小学校時まで「よい子」で「育てやすい子」だった。
よく親から姉と比較され，C男は，劣等感をもっていた。中学入学後，好きな
サッカー部に入り，レギュラーでがんばっていたが，上記のミスをし，ショッ
クを受け，不登校を示す。クラブのメンバーは，C男をなだめるが効果はなく，
家にひきこもる。以後，スクールカウンセラー（女性）が，訪問をして母子並
行面接を行う。
〈性格〉真面目，几帳面，頑固，外向的

❖治療過程
Ⅰ期：訪問面接でラポール形成をはかる
　　カウンセラーが訪問して会うことにC男は，抵抗を示していたが，5分だけ
という条件付きで会うことができた。カウンセラーは，主にC男の身体症状を
聞き，内科の病院を紹介したり，食べ物のアドバイスをすると面接時間が次第
に長くなる。オセロゲームをしながら，プロのサッカーの試合の話をする。そ
の過程で少しずつ「自分は，ダメだ」ともいい出す。

Ⅱ期：クラブのメンバーが励ます時期

　5回の訪問面接でカウンセラーとのラポールができ，C男にクラブのメンバー4名が会いたがっていることを伝えると少し躊躇していたが，自宅にメンバー4名を呼んでもいいという。4名とC男は，C男の自宅で冗談を交えて話し，メンバーは，C男が学校に来ないと練習ができないことや負けたのはC男のせいではなく，メンバー全員のせいであることを強調する。C男は，涙を流してあやまる。一方，C男を交えないわずか3回の母親面接での母親は，何でも姉と比較して無理な励ましをし過ぎたことの反省が語られ，今後は，「C男のもつ良い点も悪い点も受け止めたい」ともいう。

Ⅲ期：クラスに戻ったC男がクラブで復帰できる時期

　C男が，登校し，クラスに入り，クラブに復帰するまでには2回のカウンセラーの訪問面接での後押しが必要だった。C男は，区切りよく1月から登校することができた。カウンセラーは，担任教師を通してクラスの者やクラブの者へC男に対する自然な受け入れを依頼した。8回目の訪問面接の終了時のC男は，てれくさそうにカウンセラーにお礼を述べた。

❖考察

　両親が，教師であるもとで育ったC男は幼い頃より優秀な姉と比較され，「親から認められたい」という欲求が強くあったと思われる。しかし，クラブでの失敗を契機にC男の劣等感は高まり，不登校を示したととらえられる。スクールカウンセラーが根気強く訪問面接を行って奏効したのは，C男に対してクラブのメンバーが試合で負けたのはC男だけのせいではないといって励まし，C男の自尊感情が修復できたことや母親が，母親面接で自分のC男への偏った関わり方を反省したことがあげられる。

3　評価懸念型

　「評価懸念」（fear of negative evaluation）とは，他者から否定的な評価を

されるのではないかという不安をいう（Watson & Friend, 1969）。青年期は，自我形成期にあり，他者からの評価に過敏な時期でもある。とくに中学生時に評価懸念は強く（山本・田上，2001），女子の方が男子よりも強いといわれている（宮前，2012）。女子の方が，評価懸念が強いのは対人関係の特徴の性差によるものであろう。たとえば，和田（1993）は，大学生の対人関係の性差を調査して，男子は，達成，競争，独立という視点での対人関係をもち，女子は，共有，暖かさ，親密という視点での対人関係をもつという違いを明らかにしている。また，伊藤（1993）は，男子は，個人志向的[40]であり，女子は，他者志向的であることを尺度を用いて明らかにしている。

評価懸念という語に近い精神医学の用語としてクレッチマー（Kretschmer, 1918）のいう「敏感関係妄想」（Sensitiver Beziehungswahn）がある。クレッチマーは，思春期は，自我が不確定なため外界の環境に左右されやすく，一時的に関係妄想[41]，注察妄想，被害妄想[42]，被愛妄想に近い妄想様状態を示すことがあるといっている。その内容は，統合失調症が示す確固たる妄想ではなく，確信のない思い込みに近い。しかもそれは，環境を変えたり，他者が介入して正確な事実の確認を行えば消失することが多いという。とくに青年期女子の不登校生徒の中に評価懸念から生じる被害妄想様状態を示す者が多い。その治療のポイントは，対人刺激の少ない環境での生活，自己のもつ考えを明確にしていく，自信の獲得，思い込みの修正（対人認知の変容）があげられる。

ケース　3

　D子　15歳　女子　高校1年生

〈問題〉高校に入学し，5人の仲間と仲良く学校生活をしていたが，ゴールデンウィーク後，5人のうちの1人から，SNSを通して「ジコチュウ」といわれ，以後，5人全員からもそういわれていると思い込み，また，クラス全員からもSNSで「ジコチュウ」といわれていると気にして不登校を示す。

〈家族構成〉父：42歳，会社員，過保護，母：41歳，パートをしている，支配的，姉：大学生，おとなしい

〈成育歴〉乳幼児期には，とくに問題はない。小学生時は，リーダー的で全てに積極的な生徒であった。中学生時は，バレーボール部の部長やクラス委員をする。高校は，私立の女子高校に入学し，同じ中学出身の５人と仲良くしていたが，ゴールデンウィーク後，上記の問題が生じる。

〈性格〉目立ちたがりや，勝気，わがまま，神経質

❖治療過程

スクールカウンセラーが，当初，週１回の母親面接を４回行う。

Ⅰ期：母親を通してのカウンセラーの紹介

1回目から４回目までの母親面接では，母親からD子の家での状態と５人の生徒への憎しみが語られる。母親は，D子にカウンセラーと会わせたいという。

Ⅱ期：仲間への憎しみを表現する時期

母親の導入で５回目に保健室でカウンセラーは，初めてD子と会う。D子は，ハキハキと自分の考え，とくにSNSを通して自分を中傷したことへの恨みを述べる。６回目から10回目までカウンセラーは，D子の恨みや攻撃感情を受けとめながら日常の生活を聞いていく。

Ⅲ期：クラブ活動に導入する時期

11回目から13回目までは，カウンセラーが，D子が不登校となった事件についての事実の確認をしていくと，D子の「クラス全員から嫌われているのではないか」という思い込みが明らかになっていく。D子は，思い込みであることに気づいていく。カウンセラーは，D子は，今後，活発な５人の仲間よりもおとなしい他のグループと関わっていく方がよいと判断して，D子に美術部に入ることを勧める。その頃，D子は，週４回の保健室登校を始める。

Ⅳ期：事件の修復とクラスに入る時期

保健室に時折，担任も入室してカウンセラーと一緒にクラスに入る練習に誘う。同時期に美術部の担当教師と部長が，保健室に来て美術部の説明をする。

その説明を聞いてD子は入部する。カウンセラーは，D子に5人の仲間とは距離を置いてつきあうことを助言する。

　不登校から約半年が過ぎてD子はクラスに入り，登校するようになる。以後，D子は，美術部で活躍し始める。面接は，この時点で終了する。最後の面接で「私，バカでした」という。

❖考察

　治療が奏効した点をあげると，(1) 面接でD子の仲間への憎しみと攻撃感情を受けとめながら，事件の事実の確認を行ったことが，D子の「クラス全員から嫌われているのではないか」という思い込みを消失させることにつながったこと，(2) D子にとって刺激となる5人の仲間からおとなしい美術部に入部したという環境調整がD子に安定感を生じさせたことがとらえられる。土居(1971)は，『甘えの構造[43]』（弘文堂）の中で日本人の特徴として，「甘え」と「被害意識」との関係を取り上げている。D子にとって，カウンセラーがD子の被害意識を受けとめていったことは，D子の「甘え」を充足させたのではないかと思われる。

4　発達障害

　今日，「発達障害」（developmental disorder）ということばや診断名がさかんに用いられている。また，カナー（Kanner, 1943）が，「自閉症」（autism），アスペルガー（Asperger, H.）が，「アスペルガー症候群」（Asperger syndrome）という診断名を提案して以来，発達障害の種類やその対応が論議されている。当初は，母親の養育態度が原因であるととらえられていたが，1977年にフォルスタインとルッター（Folstein & Rutter, 1977）が，その原因は脳内の器質障害であると唱えて以来，現在ではこの見解が支持されている。現在，DSM-5では，自閉症やアスペルガー症候群を「自閉スペクトラム症／自閉症スペクトラム障害，ASD；autism spectrum disorder）と診断している。

　発達障害の治療や教育は，社会適応と自立（自律）をめざし，その保護者に対しては適切な子どもとの関わり方の指導が中心である。そのため治療者や教師は，根気と体力，指導の工夫を要する。今日，発達障害ということばのブームもあり，診断は慎重にすべきであり，過剰に発達障害であるととらえるべきではない。

（1）ADHD

ケース　4

　E男　8歳　男子　小学2年生

〈問題〉クラスで生徒に暴力をふるう。授業中，落ち着きがなく，着席しないでうろうろして，時々，奇声をあげる。

〈家族構成〉父；32歳，会社員，厳格，母；30歳，パートをしている，厳格，妹；幼稚園児，おとなしい

〈成育歴〉幼児期より落ち着きがなかったが，3歳児検診時にはとくに問題は指摘されなかった。しかし，小学校に入学して頻繁に喧嘩をして，相手にけがを負わせたり，授業妨害をする。2年生の2学期にクラスで生徒どうしの喧嘩をし，教師と母親から厳しくしかられて，以後，不登校を示す。親も教師も困り果て，その地区の発達支援センターへE男をつれていく。そこでは，「注意欠如・多動性障害」（ADHD；attention deficit hyperactivity）と診断される。WISC-Ⅳ[44]の結果では，IQ[45]（知能指数）は，89であり，動作性が高く，言語性は低かった。センターのカウンセラー（男性，25歳）が，毎月1回のプレイセラピーをし，その後，視覚映像やアニメを介したソーシャルスキルトレーニングを行う。同時に母親には発達障害をもつ母親（6名）のグループミーティングに参加してもらう。治療期間は，約2年半を要した。

❖治療過程

Ⅰ期：問題意識をつけていく時期

　約半年間，E男とダーツ遊び，サッカーボールを蹴る遊びをし，その過程で
E男は，暴力や授業妨害について問題意識や罪悪感があまりないことがわかっ
た。そこで，暴力場面や荒れた学校場面のDVDを見せてその感想を聞いていく。
その効果もあり，初めは，自分の問題を他者のせいや状況のせいにしていたが
衝動を抑えることが重要であることを述べ出す。母親もグループミーティング
に通う中で以前のようなE男への強い叱責や長い説教はなくなり，E男の長所
を認め，優しさが生じてきた。小学3年生になり，クラスも変わり，担任も変
わったこともあり，E男は，登校し始める。

Ⅱ期：具体的対処を学習していく時期

　しかし，小学4年生になってクラスや担任も変わり，再び，E男は，授業妨
害や喧嘩を始め，カウンセラーは，治療方法の変更に迫られる。母親は，従来
通りミーティングに通うが，カウンセラーは，担任と相談をしてE男が国語と
算数が不得意であることから，その科目を特別クラスで受けるようにし，E男
と生徒どうしの交流の方法を担任と話し合う。また，カウンセラーは，クラス
でE男が「我慢」しなければならない場面を10場面想定し，その場面をアニ
メにしてパワーポイントを用いてE男に何度も見せてどのように対応していく
かを話し合っていった。また，E男にその日にあった出来事を日記に書いても
らい，カウンセラーは，それについてコメントを加えていった。その結果，E
男の問題行動は消失していった。これを見届けてカウンセラーは，一応，山場
は越えたと判断してE男の治療を終えた。最後にE男は，「また，来る」といっ
て手を振った。

❖考察

　「注意欠如・多動性障害」とは，多動性，衝動性，注意の障害を特徴とする
発達障害であり，男子に多く，小学生時に出現しやすい。その治療は，主に薬
物療法とプレイセラピーや行動療法である。E男の場合，(1) 問題意識を高め

るためにE男に暴力場面のDVDを見せたこと，(2) E男の暴力行為除去のためにカウンセラーが作成したクラスでのE男の衝動を抑制すべき場面のアニメを見せて具体的に抑制する方法を話し合ったこと，(3) 日常の行動をセルフモニタリングさせるためにE男に日記をつけさせたことが奏効したと思われる。また，カウンセラーが担任と相談してE男の不得意科目を特別クラスで受けさせたことや，母親が，根気強く母親ミーティングに通った結果，教師からのことばによる被害感や発達障害の子どもをもつことから生じる自己否定感や怒りなどが消失していったことも見逃せない。

(2) アスペルガー症候群

ケース 5

F男　12歳　男子　中学1年生

〈問題〉交友関係で「空気が読めない[46)]」ためにトラブルをまねく，音に過敏，変化に対して即座に対応できない，外国の地名にこだわる
〈家族構成〉父；41歳，教員，厳格，母；37歳，主婦，過干渉，弟；小学4年生，外向的
〈成育歴〉F男は，3歳児検診時に「自閉傾向がある」といわれていた。おとなしく，いつも決まった遊びをし，音に過敏であった。その後，両親は，気になってF男を発達支援センターへつれていく。WISC-Ⅳの結果では，IQは，120で言語性が他の能力よりも高いという偏りがあったものの，医師は，とくに適応上の問題はないがアスペルガー症候群の可能性があるといい，しばらく様子をみることになる。しかし，中学1年生時の2学期にクラスでいじめられて不登校を示す。両親は，F男を某大学の心理教育相談室につれていく。そこで，カウンセラー（男性，27歳）と出会い，F男を担当し，母親は，別の担当者（女性，35歳）が関わることになる。

❖治療過程

　最初は，Ｆ男は，週１回のプレイセラピーを約１年間行い，その後，約半年間の月１回の自閉症スペクトラム障害のグループワーク（男子３名と女子２名）に参加する。母親は，月１回の母親面接を行う。

Ⅰ期：表情認知[47] の学習

　Ｆ男に対して，毎回，オセロゲームを行う。その過程でカウンセラーの表情には関心を示さなかった。そこでカウンセラーは，Ｆ男に表情認知を学習させることをねらって小松・箱田（2011）が作成した児童用表情認知テストを何度も行ってみる。当初は，表情を当てきれなかったが次第に正解が増えてくる。次にテレビ番組（体操や人形劇が中心）を見せて，登場人物の表情について各場面ごとにＦ男に問い，それをカウンセラーが答えていくという課題を何度も行った。その過程でＦ男は，楽しい表情を示し始める。この頃，中学２年生になったということもあり，担任とスクールカウンセラーの導入によって登校を始める。

Ⅱ期：ストーリーの学習を行う時期

　今度は，NHK の連続ドラマを見せて表情のみでなく登場人物の話の意味についても問うていく。最初は，「わからない」が多かったが次第にストーリーがわかりだすと登場人物の話の意味もわかり始める。この頃のＦ男は，生徒どうしのグループの会話を黙って聞けるようになる。

Ⅲ期：グループワークを行う時期

　カウンセラーと１対１の関わりとともにＦ男を自閉症スペクトラム障害グループに参加させてみる。そこでのグループワークは，①じゃんけん遊び，②メンバーのそれぞれに個人について質問をして，「はい」と「いいえ」で答えていく遊び，③アニメの物語を見せて登場人物の感情を当てていく遊び，④カウンセラーが，日常生活上にもとづくテーマを与えて自由に話し合うという段階的な内容であった。Ｆ男は，打ち解けにくかったがカウンセラーのグループへの導入と支持が奏効して次第に積極的になっていく。この頃，学校でもＦ男は生徒らと交流できるようになる。この結果を見てカウンセラーは，Ｆ男の治

療を終結する。最後の面接の日，初めてＦ男の目に流れるものを見て，カウンセラーも目から同じものが流れてきた。

❖考察

「アスペルガー症候群」は，「共感性」が乏しく，対人関係上でコミュニケーションの障害があり，「自閉症」とは異なって知的能力やことばの障害はないが，ある種の「こだわり」があるという特徴がある。Ｆ男に対しては，カウンセラーと1対1のプレイセラピーと自閉症スペクトラム障害[48]のグループワークの2つを結合した「コンバインドセラピー」を行った。Ｆ男にとって，前者の療法では，表情認知とストーリーを理解する能力が学習でき，後者の療法では，グループでの交流スキルが学習できたととらえられる。また，カウンセラーが，母親面接で得られたＦ男に関する情報を聞いてＦ男の学校における状態をとらえながら「コンバインドセラピー」を進めていったこともＦ男の現実世界と内的世界をつなぐ意味において治療的展開を生じさせたのではないかと思われる。

5　緘黙型

「選択性緘黙」（selective mutism），あるいは「場面緘黙」（situational mutism）とは，家庭内では話せるが，「社会不安[49]」（social anxiety）のために特定の場面で話せない，話さないことをいう。クスモール（Kussmaul, 1877　吉倉訳, 1940）が，最初に「緘黙」という語を用い，トラメール（Tramer, 1933）が，「選択性緘黙」という語を名付けた。小学生時に顕在化しやすく，女子の方が男子よりも発症しやすい（Remschmidt et al., 2001）。子どもの特徴として，完全欲が強い，強迫的な点がある，母親や祖母からの分離不安があるなどがあげられ，母親は，溺愛的，支配的，あるいは子どもと共生関係であることが多い（Steinhausen & Juzi, 1996）。

また，大井ら（1979）は，「選択性緘黙」児を (1) 社会化欲求型（他者をひきつける緘黙），(2) 社会化意志薄弱型（受動的で他者と交流する意欲が乏しい

緘黙），(3) 社会化拒否型（他者との交流を拒絶する緘黙）の３つに分け，(1) は，自己顕示や自己中心性がみられ，(2) は，分離不安が強く，(3) が，最も難治であることを指摘している。また，「選択性緘黙」の予後は悪く，約35％の改善率（Steinhausen & Juzi, 1996）であり，大井ら（1982）による治療して２年から７年後のフォローアップの結果では，約75％が改善されていないことが示されている。「選択性緘黙」児の治療は，母親の養育態度の改善と子どもとは非言語的交流を介したプレイセラピーや行動療法が主である。

ケース　6

　G子　10歳　女子　小学４年生

〈問題〉幼稚園時から家ではよく話すが，幼稚園では話さない緘黙がみられ，小児科で臨床心理士が箱庭療法を小学２年生まで行っていたが，父親の転勤でその治療は中断する。小学３年生になって転校して不登校と登校しても学校での緘黙が続く。

〈家族構成〉父：38歳，会社員，厳格，母；35歳，主婦，過干渉・支配的，弟；6歳，外向的

〈成育歴〉母親は，G子が最初の子どもということもあり，過干渉・過保護に関わったという。幼児期より言語の発達は正常であったがおとなしかった。とくに人見知りが強かったという。幼稚園時から選択性緘黙がみられ，小学３年生時に転校して，２～３日だけ登校したものの以後，不登校を示す。両親は，G子を某大学の心理教育相談室につれていく。そこでG子を担当するカウンセラー（女性，28歳）と出会い，プレイセラピーを始める。母親は，別のカウンセラー（男性，31歳）が担当する。治療は，約５年間という長期間を要した。

❖治療過程

　Ⅰ期：同じ遊びを繰り返す時期（小学３・４年生時）

　当初は，スクイグル[50]や動物（犬，猫，猿，羊）をクレヨンで描くことが中心であった。母親面接では，家で母親にことばでわがままな要求をするG子に困り果てる内容が多いことがわかる。4年生時のプレイでは，人間の絵を描くようになり，自己像とみられる可愛い女の子を何度も描く。その後，母親かカウンセラーかはっきりしない年上の女性を描く。しかし，不登校は，担任の訪問を嫌って続いていた。

Ⅱ期：体の動きを通した遊びを繰り返す時期（小学5・6年生時）

　学校には，行かないがプレイセラピーには休まず通い続ける。5年生になってカウンセラーと卓球やバドミントンを行い始め，勝負にこだわり，G子が勝った場合，満身の笑みをうかべる。しかし，負けた場合には，悔しい表情を示す。この頃の母親面接では，G子は家事手伝いをよくするようになったという。母親は，G子が中学になることから治療に焦りを感じ始める。G子のカウンセラーは，中学になることについて何度かふれていく。G子は，それを黙って聞いていた。

Ⅲ期：転換期（中学1年生）

　すでに約4年以上が経過してもG子は，1度も治療中にことばを発することはなかった。しかし，大きな変化としてG子は，中学入学後，入学式から登校を始めた。登校しても緘黙は続いていたが，125回目のプレイセラピーで毎回，使っていた卓球のラケットがないことから，とっさにG子は，「ラケットがない」と叫んだ。カウンセラーは，その驚きを隠しながら「ないね，いっしょにさがそう」というと，その後，G子は別人のように自然と少し話し始める。ところがこのプレイ直後，母親に「もうプレイには通いたくない」と初めていう。そこでカウンセラーは，G子に電話をかけて「話そうが話すまいが関係なく，ただ遊びたい」ことを伝えると再び来談し始める。以後，プレイは，緘黙児ではないG子に対してのプレイに変わる。その内容は，母親への反抗的なものに変わってくる。5月のゴールデンウィーク後，学校でもG子は，必要最小限の話をし，ひとりのおとなしい友だちもできる。夏休みを迎える頃，二人のカウンセラー，G子，G子の母親，それにG子の父親も加わって約5年にわたる治療

を終える話をする。G子の両親は，涙ながらにカウンセラーに感謝を伝え，G子は，「あっという間だった。先生，おもしろかった」と感謝を述べる。3年が過ぎてG子は，口数は少ないものの高校に通っていることを風のうわさで聞く。

❖考察

　G子は，大井ら（1979）による選択性緘黙の分類の（2）型，つまり母親との分離不安が強いタイプである。母親面接では，過干渉・過保護的態度の改善をはかり，G子の自主性が次第に形成され，治療後半には，前思春期の自我の芽生えが生じ始めた。また，G子のプレイセラピーでは，描画から動作へ，そして発語へと表現の変化が見られた。とくに動作を通した卓球やバドミントンの球技において優越感を得たと思われる。不登校から登校への転機は，中学校へ入学した環境の変化や友人がひとりできたことがあげられ，緘黙から発語への転機は，治療中のラケットの紛失というG子にとってのハプニングが生じて緘黙の抑制が解除されたこと，及びカウンセラーがG子の発言を受容し，発言よりもG子とのプレイを重視したG子への態度が，それまでのG子の長い防衛を払拭させたととらえられる。G子の治療過程に示されるように緘黙の心理療法は長期間を要しやすい。

6　きょうだいでの不登校型

　不登校は，家族の「負の連鎖」としてきょうだいで生じることが多い。その原因はさまざまであるが，親の子どもへの関わり方や家族関係そのものに問題があることが多い。筆者の臨床経験にもとづいて図1にきょうだいの数と親・家族の問題との関係からとらえた不登校現象を示した。

　図1から，きょうだいが2人の場合，仲が良くても親の方が放任・無視・残忍，あるいは過保護・甘やかした関わりをすると子どもふたりとも無気力や怠学を示しやすく，一方，きょうだいの仲が悪く，しかも親がどちらか一方に偏った関わりをすると関わりの薄い子どもの方が不登校を示しやすいことがわかる。

（a）きょうだいが2人の場合

きょうだい	親の関わり方	不登校
ⅰ）仲が良い　→	放任・無視・残忍 or 過保護・甘やかし→	無気力・怠学
ⅱ）仲が悪い　→	不公平　　　　　　　→	どちらかが不登校

（b）きょうだいが3人以上の場合

ⅰ）きょうだいの不登校が現れる順番　　　　家族の問題

　長子　→　　次子　→　末っ子　　比較的浅い問題

ⅱ）きょうだいの不登校が現れる順番　　　　家族の問題

　末っ子　→　　次子　→　長子　　比較的深い問題

図1　きょうだいの数と親・家族の問題との関係からみた不登校

注）「浅い問題」，「深い問題」とは，本書の注51）に示す「家族崩壊」の程度のことをいう。

また，図1から，きょうだいが3人以上の場合，不登校の現れ方の順番が上から長子，その後，次子，そして末っ子の順である家族は，逆の末っ子，次子，最後に長子の順で不登校を示す家族よりも問題が深くはないことが多いことを示している。このような点に留意して，きょうだいでの不登校の治療は，母親面接と並行した子どもたちとのプレイセラピーを行うことが有効的ではないかと思われる。また，家族の崩壊度[51]（不統合度）が強い場合には，ケースワーカーの介入も必要である。

ケース　7

　H子　15歳　女子　中学3年生

〈問題〉H子は，3年生の1学期までは登校していたが夏休みの宿題をしてい

ないことから2学期より不登校を示す。その影響を受けて弟も不登校を示し，3学期には妹も不登校を示す。

〈家族構成〉父：50歳，営業マン，放任的，母：32歳，主婦，過保護・甘やかし，弟：小学5年生，わがまま，妹：小学2年生，よい子，おとなしい

〈成育歴〉母親は，良家の子女であり，父親を亡くしたため，17歳で結婚しH子を出産する。H子の乳幼児期は，登園拒否があった。小学校時は，優等生であり，まじめで登校していた。しかし，中学3年生の2学期より不登校を示す。母親は，狼狽して夫に相談するが，父親は，仕事に多忙であまり家族に関与しない。そこで中学校のスクールカウンセラーに相談する。母親は，H子が登校しないのでしばらくは母親面接に通う。

〈母親の性格〉依存的，おとなしい，従順，消極的

❖治療過程

　前半は，スクールカウンセラー（40歳，女性）が母親面接を行っていたが，弟や妹も不登校を示し始めたので後半は，訪問面接をしてH子を中心とした弟と妹を交えたプレイセラピーを行う。同時に母親面接も学校で続ける。

Ⅰ期：涙の母親面接の時期

　母親は，涙を流して自分に責任があるとH子との関わり方を反省する。カウンセラーは，母親の後悔を受けとめながらH子の様子を聞いていく。その過程でH子に対して愛情を十分与えなかったと反省し，今まで以上に過保護に関わる。H子の方は，これまでと変わってわがままになり，弟や妹の方は，逆に母親との関わりが減っていく。

Ⅱ期：まず，弟が不登校を示す時期

11月になると弟も朝，腹痛を訴え不登校を示す。母親は，慌てて病院に連れて行くが医師からは異常はないといわれる。H子と弟は，不登校のまま家でゲームをして遊ぶ

Ⅲ期：ついに妹も不登校を示す時期

　母親の嘆きを聞く面接を続けていると，3学期になり今度は，妹が，姉と兄

が家で楽しそうに遊んでいるのを見て「どうして私だけが学校で勉強しなければならないの」と母親にいい，不登校を始める。母親は，子どもたちに登校を勧めるが子どもたちはいうことを聞かない。益々，母親の嘆きは強くなり，カウンセラーに「どうかお助け下さい」と懇願する。

Ⅳ期：訪問して子どもたちと関わる時期

　　母親の懇願にたまりかねたカウンセラーは，腹を決めて訪問を始める。当初はH子だけと関わろうと思っていたが，H子は，弟や妹とも関わって欲しいといい，一緒にプレイセラピーを行うことになる。最初は，トランプやカルタ遊びであったが妹が始めた人形を通した家族的な遊びを行うと，やさしすぎる母親が登場したり，事故で亡くなる父親が登場してくる。また，カウンセラーと思われるおばさん役が，家族を隣村に転居させると家族は次第に明るくなるという物語が生じてくる。その過程でカウンセラーは，H子と進路の話や保健室登校の勧めを行う。H子は，2月になって保健室登校を始め，担任に希望する進路をいう。それを聞いた母親は，子どもたちの前でH子を誉めたため，弟と妹も登校を始める。20回目の最後の母親面接では，「先生の子どもたちとの関わり方をみて勉強になりました。親は，子どものいう通りではなく，自分の考えをもたないといけないことがわかりました」と泣かないでいった。その後，H子は，希望の高校に進学し，カウンセラーにお礼の手紙を出す。

❖考察

　ケース7は，図1の（b）のⅰ）に示す長女のH子から始まるきょうだいの不登校の連鎖ケースである。その背景には，母親の過保護・甘やかしや父親の放任主義がある。このケースが，奏効したのは，母親の不安を支えながら，子どものいいなりにならない態度の重要性を母親に気づかせたことやスクールカウンセラーが，訪問して子どもたちに新しい家族イメージを生むプレイセラピーを行ったことがあげられる。きょうだいで不登校を示す家族には，母親以外の人物による新しい空気の吹込みが重要ではなかろうか。

7　離婚反応型

　最近のわが国の離婚は，一年間で約20万組生じており，数としては減少傾向にあるが，男女とも30歳から39歳[52]までの者の離婚が多い（厚生労働省，2021b）。この年代は，小学生の子どもをもつ夫婦に多い。親の離婚が，子どもの心の発達や適応に悪い影響を与えることは多くの心理学的研究から明らかにされている（Amato，1994；小田切，2004）。とくに青年期の子どもにとって，母親が離婚後，すぐに再婚した場合，継父から母親が奪われたという恨みが生じやすく，非行などを示しやすい。また，再婚はしなくても離婚した母親の心に子どもへの強い罪悪感が生じて，今まで以上に子どもを甘やかしたり，過保護になり，その結果，子どもは退行して不登校になることもある。したがって親が，やむを得ず離婚したり再婚する場合には，子どもと十分に話し合ったうえで離婚や再婚に踏み切ることが重要である。離婚反応による不登校は，子どものもつ親への恨みや悲哀感，さびしさを受容し，また，母親のもつ離婚したことによる子どもへの罪悪感を理解し，母親と子どもとが離婚や再婚について，十分，理解し合う機会を作り，再出発することが登校につながりやすい

ケース　8

　Ｉ男　14歳　男子　中学2年生

〈問題〉Ｉ男が，小学6年生時に両親は離婚し，母親は，Ｉ男が父親を慕っていたことから離婚したことに強い罪悪感をもつ。その結果，Ｉ男の好きなものを買い与えたり，Ｉ男のいう通りのことをし，Ｉ男は，次第にわがままになる。勉強もしなくなり，中学2年生の2学期に担任から成績が下がったことを注意され，不登校を示す。

〈家族構成〉父：39歳，会社員，過保護，母：35歳，アパート経営，過保護・

甘やかし，妹：小学6年生，外向的，友だちが多い

〈成育歴〉乳幼児期より父親から可愛がられる。よい子で小学生時は，勉強も
でき，サッカー部で活躍する。小学6年生時に突然の離婚があり，Ⅰ男は，ショッ
クを受ける。その後，父親とは，時々，会ってこずかいをもらう。同時に母親
もⅠ男が欲しがる高いゲームソフトやスマホなどを買い与える。Ⅰ男は，ゲー
ムに耽り，勉強もしなくなる。教師の叱責がきっかけで不登校を示し，昼夜逆
転してゲームで遊ぶ。母親は，心配し学校のスクールカウンセラー（男性，30
歳）に相談する。

〈性格〉従順，几帳面，徹底的，地味

❖治療過程

　前半は，母親面接をする。後半は，Ⅰ男とカウンセリングをし，その後，母
子合同面接をする。

Ⅰ期：Ⅰ男に申し訳ないことをしたと謝りを表現する時期

　当初の母親は，Ⅰ男が不登校であることの不安を話していたが，次第に離婚
のいきさつまでを話し始め，Ⅰ男に対してすまないことをしたという罪悪感を
表現する。その過程でⅠ男に物を買い与えることは良いことではないことがわ
かってくる。また，Ⅰ男の昼夜逆転を戻すことの話がでて，Ⅰ男に経営するア
パートの庭の手入れを昼間にしてもらうことにする。庭の手入れは，思った以
上に重労働であり，叔父の指導の下に長時間かけて毎日行う。その結果，Ⅰ男
は疲れて夜は眠るようになる。

Ⅱ期：Ⅰ男の思いがけない来談

　母親は，Ⅰ男に素直に毎週，カウンセリングに通っていることやスクールカ
ウンセラーの特徴を話していた。Ⅰ男は，その話に興味を示し中学校の相談室
に母親と突然，来談する。カウンセラーは，Ⅰ男の来談を歓迎し，アパートの
庭の手入れ作業について聞いていく。やや自慢げにH男は，器用であることを
話す。その後，母親抜きに話したい様子を示したので2回目から1対1で話す。
その過程で離婚はして欲しくなかったことをぽつぽつと話し，父親に会いたい

ことや勉強の遅れの心配も話す。

Ⅲ期：家庭教師的関わりから母親との和解の時期

　カウンセラーは，Ⅰ男の勉強の遅れの対策のために担任に授業の進行度を聞いて，いわば家庭教師的に相談室でＨ男に時間の限り数学と英語中心に教えていく。理解度の早いＨ男は，定期考査を受けてみることになり，約3か月ぶりにクラスに入って3学期の定期考査を受ける。成績は良く，自信を得たⅠ男は，連日登校する。その後，母親も呼んで互いの離婚に関わる気持ちを話してもらう。その過程で涙ながらに母親の罪悪感も表現され，また，Ⅰ男のもつ今まであった悔しさやさびしさも話してもらう。その後，母親は，物を買い与えることをやめ，Ⅰ男の節度のないゲーム遊びは消失する。Ⅰ男の最後の面接では，Ⅰ男による「人間は，別れて強くなるものですね」と意味深な言葉が述べられた。

❖考察

　臨床家は，時に人と人との出会いの交渉や人と人との別れの交渉という作業をすることもある。ケース8が，奏効したのは，母親の離婚から生じた罪悪感をカウンセラーが受容したこと，及びⅠ男と家庭教師的に関わり，Ⅰ男に勉強への自信の回復を生じさせたこと，そして母親とⅠ男との合同面接の機会を作り，互いの離婚に関する理解とその受容ができたことがあげられる。

8　被虐待型

　わが国では，年々，「被虐待児」（abused child）は増加傾向にあり，令和2年度の報告では，約20万5000件の通報があがっている（厚生労働省，2021a）。その内容の内訳は，心理的虐待，身体的虐待，ネグレクト[53]，性的虐待の順の多さであり，性的虐待は，全体の約1.09％である。なぜ，虐待が増加しているかの原因については，さまざまであり，とくに「児童虐待」（child abuse）の定義内容の拡張や一般市民が，児童虐待について以前よりも広く周知したことがあげられる。

　西澤（2010）は，わが国の「児童虐待」の特徴として，身体的虐待が多いことをあげ，10歳代の母親の出産が増えていることや近年，注目されている家族の崩壊が虐待増加傾向の遠因として考えられるという。アメリカでは，年間約430万件の児童虐待の通告があり（増沢ほか，2021），ドイツでは，約3万1000名の緊急一時保護がとられ（平湯ほか，2004），フランスでは，約1万8000名の被虐待児が報告されている（松井・才村，2004）。

　子どもにとって，「児童虐待」の中で最も衝撃を与える性的虐待は，平成29年度の報告では，1,540件あり，被虐待児は，中学生の年齢が多く，虐待者は，実父が多い（厚生労働省，2018）。虐待を受けた後の子どもの特徴として，自尊感情の低下，自責感，抑うつ，不安，恐怖が高まることがあげられている（西澤，2010）。

　情緒障害児短期治療施設では，約70%の子どもが被虐待児であるという（厚生労働省，2016）。施設で生活する子どもの中に学校で不適応を示し，不登校状態に陥る者もいる。被虐待児の治療は，プレイセラピーによって，被虐待児が，(1)愛着[54]（attachment）の充足，(2)攻撃から悲しみ，そして愛着へと感情表出ができること，(3)壊されたバラバラのイメージの統合が果たされることがポイントとなる。

ケース　9

　J子　11歳　女子　小学5年生

〈問題〉J子は，統合失調症の母親とアルコール依存症の父親のもとで出生し，幼児期より母親からは，心理的，身体的虐待を受け，小学校3年生時に父親からは，性的虐待を受ける。3年生時に近所の者からの通報があって，児童相談所で一時保護され，その後，民間の情緒障害児施設で生活をする。施設では粗暴，わがまま，暴力がみられ，小学5年生時の2学期に学校で男子生徒に暴力をふるい，大けがをさせ，その後，不登校を示す。

〈家族構成〉父：40歳，無職，暴力的，母：28歳，主婦，暴力的，弟：小学1年生，おとなしい，緘黙（J子と同じ施設で生活）

〈成育歴〉幼児期は，幼稚園経験はなく，3歳児検診もしていない。家族は，家にこもり他者と交流はない。市のケースワーカーの訪問や母親の精神科病院の通院と買い物程度でしか外部との交流がない。J子は，上記のように児童相談所で保護され，ADHDの診断が下される（IQ；89，言語性が劣る）。小学校では，友だちもなく，授業妨害や教師への暴言がみられ，特別クラスでは，弱い者いじめをし，暴力をふるう。上記の事件後，教師や施設のスタッフから厳しい注意を受け，不登校を示す。

〈性格〉荒っぽい，落ち着きがない，エネルギーがある，警戒心が強い

❖治療過程

　施設では，常勤の臨床心理士1名（26歳，女性）と非常勤の臨床心理士が2名勤務しており，スタッフは，15名，生活している子どもは，3歳から16歳までの男女25名である。J子の治療は，常勤の臨床心理士が担当し，週1回40分のプレイセラピーを約1年半年行う。生活担当は，30歳の男性スタッフが行う。

I期：治療抵抗期（1回目から10回目）

　治療者が，J子の部屋に訪れ，今日からプレイルームでプレイを始めることを誘うと大声で拒否し，「どうしてそんなことをするのか」とつめよる。治療者が「部屋にいて淋しいと思って」というが，「J子は淋しくない」という。しばらく黙ったままJ子がかけているCD（風になれ：中村あゆみの歌）をいっしょに聞き，治療者は，「また，来るね」といって帰る。2日に1回，J子の部屋に行き，プレイを誘う。その際，治療者は，J子が好むと思われるCDを持っていき，一緒に聞く。10回目にプレイルームに入ることに少し嫌がるJ子の手をつないでプレイルームへつれていく

II期：荒れた遊びをしながら治療者を支配する時期（11回目から26回目）

　計15回のプレイ内容は，バラバラでまとまりのない遊びであり，すぐに気が

散って次の遊びへと約3分ごとに変わる。治療者を「おまえ」と呼び，11回目のプレイから治療者に命令・支持をし，遊びも治療者に手伝わせる。毎回，終了時を迎えると治療者とさらりと別れる。この期の後半，J子は，小学6年生になり，クラスや担任も変わって登校し始める。

Ⅲ期：虐待の再現と行動化の時期（27回目から37回目）

　27回目のプレイ前後から人形遊びに落ち着き，そこで性的虐待の再現ととらえられる遊びが登場してくる。男の人形が，赤ちゃん人形に性的ないたずらをして楽しむという内容である。このような遊びを3回続けた後，実際に施設で小学1年生の女子をトイレに連れ込み，性的いたずらをする。スタッフは，それを厳しく注意する。治療者は，治療中，この事件について知らないふりをして，J子に「赤ちゃん人形がかわいそうだからこんな遊びをやめよう」という。少し，抵抗を示したが，その後，母親ととらえられる人形が登場し，赤ちゃん人形をかわいがる遊びに変わる。この頃，治療者を「あんた」という。

Ⅳ期：治療者に甘えてくる時期（38回目から63回目）

　人形とともに箱庭の砂に関心を示し，砂を毎回，さわって気持ちがいいという。箱庭に導入すると初めは，怪獣や強い動物（ライオンや虎）対ウルトラマン・スパイダーマンとの戦いの遊びが多く，回ごとに怪獣グループが勝ったり，ウルトラマングループが勝ったりする。この頃のプレイでは，治療者に甘えた言葉で話して，おんぶしてとか腕相撲しょうといった身体接触欲求がみられる。この頃，J子は，学校で友だち（施設外の同級生女子）ができる。また，治療終了時を迎えると終わりたくないと強くいうので延長を5分だけ行う。この頃，治療者を「おねえちゃん」という。

Ⅴ期：統合とさわやかな別れの時期（64回目から70回目）

　箱庭の内容も戦いはなくなり，城や仏像，寺など古風な建物を並べて説明する遊びとなり，現実場面では，学校で攻撃性を示すことはなくなり，友だちもでき，中学生になろうとしている時期でもあり，J子の治療を終了することにする。終了時，意外にもJ子に治療の終結の抵抗はみられなかった。その後も治療者は，時折，J子とは施設内で男性の担当スタッフと一緒に関わり，宿題

の手伝いなどをする。

❖考察

　父親から性的虐待を受けたＪ子の治療は，治療者の臨床的腕[55]もあってその治療はスムーズに展開している。治療過程ごとに見ていくと，Ⅰ期では，Ｊ子の治療抵抗を受容しながら，次第にプレイセラピーへと導入している。Ⅱ期では，破壊されたＪ子のバラバラな断片的イメージをまとめる作業をしている。その過程で治療者は，Ｊ子のもつ対人関係パターンである支配・服従関係を受け入れながらイメージをまとめさせている。また，Ⅲ期では，性的虐待の再現がプレイでみられ，その行動化（acting-out）もみられた。これを治療者が，「赤ちゃん人形がかわいそう」といって受けとめたことにより，Ｊ子のもつ悲哀感情や淋しさが受容されたととらえられる。さらにⅣ期では，怪獣グループとウルトラマングループとの戦いが生じている。これは，精神分析学派の対象関係論[56]でいう good と bad の分裂[57]（splitting）であり，この遊びを統合していくまでプレイを行ったことが，次の治療者への愛着欲求を生じさせている。また，この愛着欲求を治療者が，ある程度充足させたことによりＪ子の心的外傷体験を乗り越えさせたのではないかととらえる。このように施設での治療的展開内容は，学校でのスクールカウンセラーの不登校生徒との関わりとは大きく異なっている。

９　対抗型

　「対抗」（counter）型の不登校とは，親やその子どもが，文部科学省や学校とは異なった定まった教育観や教育方針をもっており，それに即して登校を拒否するタイプをいう。教育機会確保法（文部科学省，2016）が制定され，義務教育段階で普通教育に相当する教育機会の確保が保障されるようになった。現在，文部科学省は，学校以外の教育を受ける選択肢を検討中である。不登校生徒の一部が，「適応指導教室」や「フリースクール」へ通ったり，あるいは発

明王のエジソンのように「ホームエデュケーション」[58]によって学ぶ例がある。小学校や中学校の義務教育においてこの「対抗型」の不登校は，学校とその親や子どもとの十分な話し合いが必要であり，相互の理解がなければその子どもの心の発達に支障をきたしやすいと思われる。

ケース　10

K男　12歳　男子　中学1年生

〈問題〉K男は，幼稚園時から小学5年生時までアメリカの学校で教育を受ける。日本での小学校6年生時の1学期から生意気，横着といわれていじめられ，不登校を示す。両親は，学校側と対策を話し合うが意見が合わず卒業まで積極的に登校を拒否する。中学校に入学しても学校の雰囲気や教師の一方的教育についていけず不登校を示す。

〈家族構成〉父：45歳，大学の教員，温厚，母：42歳，大学の教員，支配的，弟：小学5年生，おとなしい，祖母：76歳，孫には過保護・甘やかしがある
　一家には，特定の思想に基づく教育観や教育方針がある。

〈成育歴〉乳幼児期は，よい子で育てやすい子どもだった。アメリカの幼稚園や小学校では活発で成績もよく適応していた。しかし，帰国して上記のような問題が生じる。中学校の校長，K男の両親とは，何度もK男の不登校について話し合ったが，一致点がなく，校長は，スクールカウンセラーに相談してK男の両親に登校の勧めを依頼する。

〈1回だけの両親との面接〉両親は，冷静にカウンセラーに今までの経過を説明し，日本の学校教育の批判をし，アメリカの自由な教育について賞賛する。また，K男と弟に対して自分たちでホームエデュケーションを行い，大学まで入学させたいと主張する。カウンセラーは，その方法ではK男の社会性や対人関係スキルが身につかないことを指摘すると，両親は，子どもたちを近隣のスポーツサークルや地域のボランティア活動に参加させるという。カウンセリン

グは，両親によるK男を登校させない強い要望があるため，その場は妥協して
終わる。

❖考察

　対抗型の不登校生徒を強制的に登校させることは，人権上，難しい問題があ
る。この両親の意向に即してK男を教育していくと集団での学習の不備から社
会性や対人関係スキルが習得しにくく，文部科学省が定める学習内容に到達で
きるか確定ができない。一方，ホームエデュケーションによって，学校教育で
は発揮できないK男の個性や創造性を生むというプラスの面も考えられる。現
在の学校教育のあり方が，全てにおいて正しいとはいい切れない。現場の教師は，
多忙であり，いじめもなくならず，学習指導要領に基づいて全ての生徒に一斉
に教育しているものの行き届かない欠陥もあり，学力も向上[59]しているとは
いい難い。「対抗型」不登校の親がいう教育観は，このようなことから一理ある。

第2章
不登校対応の方策

1　母親面接

　現在のスクールカウンセラーにとって,「母親面接」(school parental counseling)は大きな職務となっている。その目的を中心に分類すると,(1) ケース1のように分離不安型の不登校ケースにおいて,母子分離をめざす母親面接,(2) ケース2,ケース4,ケース5,ケース6,ケース7,ケース8のように子どもの関わり方の指導,(3) 学校と対応の難しい保護者との仲介,(4)「家族療法」(family therapy) の4つがある。また,心理的問題の原因や解決法を中心に母親面接を分類すると,(a) 不登校や非行など子どもの問題解決のための母親面接,(b) 子どもの問題に関して,親に大きな問題があるためその改善のための母親面接,(c) 子どもも親も問題があるための双方の面接の3つがある。(1) については,小学生のように年少の場合には,母子合同面接が望ましく,中学2年生を過ぎると母子並行面接が望ましい。また,(2) については,表8に示す保護者の養育態度の改善についての指導が多い。

　養育態度の改善の方法として,保護者とのラポールが形成された後,保護者に自分の養育態度に問題はないかに気づかせたうえで表8に示す点をふれてい

くことが望ましい。とくに非行を示す子どもの保護者や被虐待児に見られるネグレクトする保護者に対しては，ケースワーカーが行うように子どもの問題の深さを指摘して厳しい態度で関わる必要がある。また，(3) の対応の難しい保護者との関わりに方について，保護者とは1対1で関わり，スクールカウンセラーの「中立性」，つまり学校側でもなく，保護者側でもない中立な立場で臨み，保護者の不満や学校側への要求を聞くことから始め，そのことを学校側へ伝えたうえで学校側の意見との調整を図るという手順が重要である。(4) の「家族療法」については，学校のなかで行うことは困難であり，相談所や病院などで家族療法を専門とする臨床家が行うことが望ましい。

　表9は，とくに不登校生徒の保護者や担当する教師が留意しておくべき点である。不登校の子どもをもつ母親面接で表9の内容を深めていくことが望ましい。

　母親面接のポイントとして，カウンセラーは，(1) 母親のもつ面接への動機づけの強さが，非常に強い（カウンセリングや心理療法への魔術的願望[60] をもつ）者と問題意識がなく，動機づけが弱い者とがいて，適度な動機づけを図ること，(2) (1) と関連し，母親への個人的介入の程度を考慮すること，つまり

表8　保護者の養育態度の改善点

養育態度の型	改善すべき点
拒否・無視・放任型	○子どもに積極的に関わる，接触する，話す，遊ぶ，理解する
過保護型	○友だちと遊ばせる ○わがままにさせない ○発達に応じた要求をする
支配型	○子どもの考えや自主性を尊重する ○大人の尺度で子どもを評価しない
溺愛・甘やかし型	○けじめのある関わりをする ○子どもをなぐさみものにしない ○母親の自律性と情緒の安定を促す
夫婦不一致型	○夫婦間の情緒的交流の促進 ○夫婦で話し合って子どもの教育方針の一致点を見つける

表9　不登校の子どもをもつ保護者や担当教師が留意すべき点

⑴	登校刺激を与えてよいかの判断
⑵	昼夜逆転しない生活の工夫をしているかどうか
⑶	スマホ，ゲーム，テレビをみることの節制に留意しているかどうか
⑷	子どもの不安や心配事の相談にのっているかどうか
⑸	家の手伝いを少しでもさせているかどうか
⑹	勉強の遅れの心配はないかどうか
⑺	食事は家族と一緒にしているかどうか
⑻	友だちからの連絡を断っていないかどうか
⑼	担任教師との関わりを拒否していないかどうか
⑽	進路について具体性があるかどうか

注）⑵，⑶，⑺，⑼に大きな問題がある場合，慢性の不登校になりやすい

母親の養育態度の改善から夫婦間の関係の改善，家族そのものの改善までの面接目的の幅を考えて関わることがあげられる。

2　訪問面接

　1980年代は「訪問面接」（visiting interview）を行うことは，「治療構造[61]」（structure of psychotherapy）を壊した関わりとなるため邪道であるといわれていたが，現在では，病院での医療従事者が患者の自宅に訪問する「アウトリーチ[62]」（outreach）も広く行われており，また，大学院では心理療法の専門家以外の教員[63]が臨床心理士の教育を行っていることもあって，躊躇することなくスクールカウンセラーは，不登校生徒の自宅へ訪問面接を行っている。訪問面接は，学校や相談機関や治療機関に通えない生徒にとっては好都合であるが，スクールカウンセラーは，訪問面接を行った後，その生徒がどのように変化するかについて「目処」がついておかなければ訪問面接が中断した場合，生徒にとってはスクールカウンセラーから見捨てられ体験となり，傷つけるだけの結果になる。たとえ学校側が，スクールカウンセラーによる訪問面接を要請してもカウンセラーが訪問面接後の「目処」をもっていなければ訪問面接を行

うべきではない。訪問面接の目的は，生徒とのラポール形成を図り，その後，少なくとも保健室・相談室登校ができるようになることである

　訪問面接において治療構造を壊さない工夫として，(1) 訪問する前にその生徒から訪問面接をすることの同意を得ておくこと，抜き打ちの訪問は，生徒にとって脅威である，(2) 生徒との面接中は，保護者が介入しないことについて保護者の同意を得ておく，(3) 面接は，個人の部屋で 1 対 1 で 1 回約40分程度行うことを原則とし，中学生以上の生徒の場合には，カウンセラーは秘密を厳守[64]する。ただし母子分離不安が強い小学生や中学生の場合は，初めは母子合同面接を行う必要があることが多い。

　10代後半や成人のひきこもりケースの訪問面接は，2 年以上も行うことが多いが，スクールカウンセラーが行う不登校生徒への訪問面接は，20回以内が現実的にとらえて一般的である。したがって訪問面接を行い，20回を超えても生徒に変化がない場合には，他の方策を考える必要がある。

　訪問面接のポイントは，(1) 学校側の要請によって受身的に訪問面接を行うのではなく，スクールカウンセラーに能動性があるかどうか，(2) 既述したようにスクールカウンセラーによる訪問面接後の生徒の展開の「目処」が明確であるかどうか，(3) スクールカウンセラーの「逆転移[65]」(counter transference)，つまりスクールカウンセラーによるその生徒への「かたいれ」がないかどうかの洞察が重要である。「かたいれ」が高じて家族のもつ大きな問題にまで立ち入らなければならない事態にならないための逆転移の洞察が必要である。

3　別室登校

　「別室登校」(attendance at another room) とは，不登校の生徒が教室ではなく，保健室や相談室のみへ登校することをいう。現在では，小学校の約12.3％，中学校の約45.5％が保健室登校を行っているという（美馬・小坂，2004）。小学校と中学校の場合，別室登校は登校日数としてカウントされるが，高校の場合[66]にはカウントされない。別室登校の目的は，教室への登校のた

めの一手段である。したがって別室登校をする期限を決めて，養護教師，担任教師，スクールカウンセラーの連携によって不登校生徒が別室から教室へ入室できる工夫が必要である。

　また，同じ別室登校でも保健室か相談室か，あるいはひとりだけか複数生徒の使用か，1日何時間の使用か，一人だけの使用か教師を伴っての使用かによって教室への登校実現度は異なってくる。別室登校の利点は，登校の訓練となり教室入室への準備態勢が形成されやすいことである。しかし，保健室は，さまざまな生徒が使用しやすく，人目が気になる不登校生徒にとっては不安が生じやすい。また，ひとりだけの別室登校の場合，その部屋に根付いてしまい容易には教室に入室できないこともある，また，教師は，多忙であり，別室登校の生徒と別室で常に同席できないという問題もある。

　こうしたことから，学校に相談室の設置条件[67]として2つ設置されていることが理想であり，1つは，別室登校用の部屋とし，もう1つは，生徒や保護者と1対1でカウンセリングができる部屋として，カウンセラーは，この2つの部屋を行き来してスクールカウンセリングと別室登校の生徒との関わりをしていくことが望ましい。

　別室登校から教室への導入は，教師が多くの経験を経てその要領を得なければスムーズにはいかない。その導入者は，スクールカウンセラーか，養護教師か，担任教師かについては，その生徒にとって最も信頼をしている者が望ましい。導入の実施は，学期の初めがよい。また，いきなり教室で1日中，授業を受けるのではなく，慣らしていく意味から，好きな科目や親しい教師が担当する科目からの入室練習を行い，次第に参加授業を増やしていくことが望ましい。スクールカウンセラーの不登校生徒に対する教室への入室前の作業として，「皆，あなたを見ていない。自分のことで精一杯だ」，「中学生時は，人の目が気になりやすいが，皆，自分のことばかり考えていて，君が思っているほど皆は，君に関心はない」などといって評価懸念を払拭してあげることも必要である。また，不登校生徒の教室入室に関して，担任教師も生徒たちも特別なこととして取り上げず，自然に受け入れていくことも重要である。

4　メールカウンセリングとオンラインカウンセリング

　近年，情報機器の開発により，スクールカウンセラーや教師による不登校生徒に対する電子メールを通したカウンセリングや「コロナ禍」の影響からオンラインカウンセリングも行われている。電子メールカウンセリングの利点は，時間と場所を設定しなくても自由にいつでもできる点にある。表10は，電子メールカウンセリングの一長一短をまとめたものである。

　このような利点がある電子メールカウンセリングよりも時間と場所を決め生徒と直接，会う対面面接の方が，生徒を正しく理解しやすい。とくに「自己開示[68]」（self-disclosure）については，電子メールの方が何でも表現しやすい者と直接，会った方が詳しく表現しやすい者とがいる。また，電子メールでの交流は，相談者との関係が皮相的なものになりやすく，会って話すカウンセリングとは深い交流が困難な点がある。メーラビアンとファーリス（Mehrabian & Ferris, 1967）による対人認知の研究結果では，非言語（態度，しぐさ，視線，外観など）的交流による他者への衝撃度は，ことばや文字による衝撃度よりもはるかに大きいことが実証されている。

　2019年の末からの「コロナ禍」によってパソコンなどを介した「オンラインカウンセリング」が行われ始めた。オンラインカウンセリングのように情報機器を用いたカウンセリングを「遠隔支援」（telepsychology）という。バラク

表10　電子メールカウンセリングの一長一短

長所　（林，1999）	短所（仲田・小林，1999）
⑴ カタルシス（浄化）効果がある	⑴ 誤解が生じやすい
⑵ 自己への気づきが生じる	⑵ 自分の感情の投影として相手をとらえやすい
⑶ 自分の考えの流れが文字で確認できる	⑶ 嘘の情報を得やすい
⑷ 相談者へ自己開示ができる	⑷ 文字のみでは相手を理解しにくい

ら（Barak et al., 2008）の研究では，対面カウンセリングとオンラインカウンセリングとはその効果に差がないことが示されているが，徳田（1998）はオンラインカウンセリングでは，非言語的交流が困難であることをあげ，ほかにも「臨場感」がない，発話の衝突が生じやすい，互いの自意識が過剰になりやすい，また，視線の不一致がみられる（岸ほか，2007）というマイナス面がある。この方法によって「コロナ」感染は防げるもののカウンセラーとクライエントとの細かい表情や態度がつかみにくく，遠隔であることから細かい対応が困難であることがあげられる。

5　環境調整

「環境調整[69]」（environmental control）とは，個人や集団を取り巻く環境を媒介として問題に働きかける取り組みをいう。学校場面では，とくにクラスでの交友関係や教師と生徒との関係のあり方を取り上げることが多い。

（1）いじめ

「いじめ」（bullying）とは，「一定の人間関係のある者から，心理的，物理的な攻撃を受けたことにより，精神的な苦痛を感じているもの」をいう（文部科学省，2007）。

いじめは，小学生では，約42万1000件，中学生では，約8万1000件も報告されており，男子の方が女子よりも多く，小学校・中学校とも2011年（平成23年）から増加傾向にあり，小学生では，2年，1年，3年，4年，5年，6年の順で多く，中学校では，1年，2年，3年の順で多い。その内容の内訳は，悪口や冷やかしが一番多く，次に軽くぶつかられる，叩かれる，蹴られるが多い（文部科学省，2021）。

表11は，いじめの原因と対応をまとめたものである。

スクールカウンセラーは，表11のいじめられた被害者の生徒にカウンセリングを行うことが多いが，今後は，いじめ防止の観点から生徒に対する「共感

表11　いじめの原因と対応

発生傾向	原因	改善すべき点	対応
小学校や中学校に多い 男子＞女子	〈いじめの原因〉 家庭や学校でのさまざまな欲求不満	（いじめる生徒に対して） ①欲求不満内容を理解する ②潜在する劣等感や攻撃性を理解する	①教師や親がいじめの早期発見をする（生徒との連絡帳の交換をする） ②いじめる生徒といじめられる生徒を個別に面接をする ③いじめが落ち着いたら，クラス全体で「思いやり」の気持ちや自己表現力をつけることについて皆で話し合う ④自分たちと違う個性や特徴の者を受け入れる態度を身につける
いじめられるタイプ ①小柄，頑固，おとなしい，臆病 ②目立ちたがり屋，非協調的，横柄	〈いじめられる原因〉 ①自己表現力の欠如 ②協調性の欠如 ③高い自尊心 ④無意識の自己懲罰願望	（いじめられる生徒に対して） 被害を受けたつらさ，孤独感，悲哀感，疎外感，憎しみを理解する	
いじめを放置しておくと ①不登校を示す ②精神疾患を示す ③自殺もありうる			

性」（empathy）の訓練や加害者側に道徳教育を行うことも職務となってくるであろう。また，いじめを契機にスクールカウンセラーは，被害者側の保護者と加害者の保護者の仲介や，学校側と被害者側の保護者や加害者側の保護者との対立の仲介を行うこともある。その際，スクールカウンセラーや担任教師が話し合う手順として，先に加害者側の保護者に会い，次に被害者側の保護者に会って，最後に双方の保護者と合同で会って双方の意見を聞いて仲裁をしていく方法をとると大きな問題を生む展開にはならないことが多い。

（2）教師の問題

どのような特徴をもった教師であるかは，生徒への教育や心の発達に影響を

与えやすい。大西ほか（2009）による小学校・中学生を対象とした調査結果から，受容的，親近感があり，自信をもった，客観的態度を示す教師のクラスでは，いじめがないことが明らかにされている。不登校生徒が多いクラスの担任教師の特徴として，ケース8で示した担任教師のように成績中心で硬い性格の教師と精神的な症状をもつ意欲が乏しい教師の2通りがある。前者の硬くて厳格すぎる教師は，成績が悪い生徒を無視することもあり，そのことによって教師に反抗して不登校を示すこともある。ケース8のⅠ男のように成績が下がった場合，教師から強く叱責されて，不登校をまねいている。このような教師に対して，スクールカウンセラーによるコンサルテーション[70]も必要であるが，コンサルテーション経験が豊富でなければできない。経験が乏しいスクールカウンセラーは，このような教師のあり方を校長や教頭と相談していくことが望ましい。

　一方，後者の精神的な症状をもった意欲の乏しい教師の場合は，生徒も意欲が乏しくなり，クラスがまとまらず，怠学型の不登校や無気力型の不登校が生じやすく，保護者の方も学校側へ不満を訴えることもある。今日，ストレスによる病気休暇をとる教師は増えており，全国で5478名もいると報告され，そのうち約90％がある種の精神疾患と診断されている（厚生労働省，2020）。スクールカウンセラーは，職業柄，教師のメンタルヘルスにも関与しなければならないが，学校の中で教師の精神疾患を治療するわけにはいかない。精神疾患をもつ教師に対して，スクールカウンセラーができることは治療機関を紹介し，クラス経営[71]を支援していくことである。

6　治療機関への紹介

　学校では，生徒を治療機関へ紹介する仕事は養護教師が行うことが多いが，スクールカウンセラーの専門性として生徒のとくに医学的アセスメントに応じた適切な治療機関の選択があげられる。不登校生徒のカウンセリングは，スクールカウンセラーが学校を中心に行うことが望ましいが，臨床的な腕がない（アセスメントやカウンセリングに関して力量が乏しい）スクールカウンセ

ラーは，とかく治療機関へ生徒を紹介しやすい。このようなスクールカウンセラーの場合，臨床的に腕のあるスーパーヴァイザーから謙虚にスーパービジョンを受けたり，紹介した治療機関でどのような治療をしているかについて探究すべきである。

　表12は，心の問題に応じた紹介する治療機関の一覧である。

　表12に示す心の問題とは，現象的にとらえたアセスメントであり，実際の治療では，当然，症状や問題行動の原因や背景，不登校のタイプなどを明確にしていく。

　生徒を治療機関に紹介する場合，生徒とその家族を交えて紹介する理由を伝え，治療機関がどのような所かを説明する。その際，生徒の来談（院）抵抗が強い場合には，保護者だけでも来談（院）[72]することを勧める。また，家族が，来談（院）抵抗が強い場合には，生徒の問題を放置しておくと今後，どのようなことが生じるかを家族に伝える。問題意識がなく，学校側の一方的な生徒に関する問題ととらえる家族の場合，生徒の問題について家族と時間をかけて話

表12　心の問題に応じて紹介する治療機関

心の問題	治療機関
重度の非行 （暴力，窃盗，性的逸脱，薬物乱用など）	警察の少年サポートセンター
発達障害	発達支援センターや精神科クリニック
身体症状 （過呼吸，頭痛，めまい，喘息，摂食障害，過敏性腸症候群など）	心療内科や内科
習癖（抜毛，夜尿，頻尿，吃音，チック）や緘黙，長期欠席の不登校	大学院付属（臨床心理士養成）の相談室
重度の強迫神経症，重度のリストカット，思春期うつ病（希死念慮，不眠，意欲減退，食欲不振），統合失調症（不眠，幻聴，妄想）てんかんなど	精神科クリニックや精神神経科病院

し合っていく必要がある。また，学校側やスクールカウンセラーは，治療機関に紹介した後もその治療機関と生徒についての連絡を取っていくことも重要である。

　紹介を受ける立場として，生徒の問題についてのわかりやすい紹介書をもらうと治療は受理しやすい。表13 は，紹介書[73] の一例である。

表13　治療機関への紹介書の一例

氏名　　　　　　　性　　学校名　　　　　　　学年
問題；(問題内容を具体的に書く，とくに初発状況を明確に書く，簡単な成育歴も書く)
保護者の特徴；(性格や養育態度を書く)
学校でこれまでどのように上記の問題に対応してきたか；
こちらでは，(　　　　)ととらえております。貴院(相談室)での御高診(アセスメントと相談)の程宜しくお願い申し上げます。(　　) 内は，学校側やスクールカウンセラーのアセスメント内容を書く
学校名と連絡先　(　　　　　　　) 　　　　　　　　　　担任名あるいはスクールカウンセラー名 　　　　　　　　　　(　　　　　　　　　　) 　　　　　　　　　　　　　　期日　(　　　　　　)

7　屋外での面接

　全国で約100校の臨床心理士を養成する大学院があるが，そのうちの教員の中でクライエントの行動の変容を得意とする臨床家は多い。行動療法や認知行動療法[74]を批判するわけではないが，カウンセリング経験が少ないまま，また，クライエントとの関係の形成方法を身につけないまま，行動中心の指導を受けてきたスクールカウンセラーは，相手となるクライエントが話をしないことや学校側によるスクールカウンセラーへのクライエントが登校できるようになることの要請が強いことによって，治療構造を壊した治療関係を形成していくこともある。

　たとえば，おとなしく自宅にこもる不登校生徒を外へ連れ出し，一緒に食事をしたり，ゲームセンターで遊んだりしてカウンセラーとのラポール形成を図り，その後，登校するように何度も説得したが登校できずに中断した例がある。この生徒には，その後，スクールカウンセラーの期待に答えきれなかったことの罪悪感が生じて，リストカットが生じている。このスクールカウンセラーは，以前は実験心理学[75]専攻であり，その指導教員[76]も元は臨床家ではない。このケースについて，筆者は，クライエントを屋外に連れ出すことそのものには反対しないが，カウンセリングや心理療法の基本を身に着けたのちにスクールカウンセラーの仕事を行うべきではないかと思われる。今日の臨床心理士は，児童や青年のクライエントとのラポール形成に関して主に描画，ゲーム，箱庭，コラージュなどの非言語的交流を介して関係の形成を図ることが多いが，カウンセリング・心理療法の基本は言語交流による心理的表現や自己洞察であることを忘れてはならない。また，上記の例のようにクライエントを傷つけてはならない。

　表14は，治療動機づけの希薄なクライエントに用いることばによるラポール導入技法である。

　表14の(1)の技法では，カウンセラーは，ことばを用いるがクライエントは

表14　ことばによる導入技法

(1) カウンセラーによる自問自答	カウンセラーによるある質問に対して，クライエントが答えないで沈黙が長く続いた場合にカウンセラーがクライエントの立場に立って考えをめぐらし，自らその答えと思われるものを声を出してみることにより，二人で考える状況をつくること
(2) カウンセラーによる踊り	今，生きているクライエントの最大の関心事，あるいは興味や好奇心に話題を焦点づけて，カウンセラー自らが，それに関して話題を提供したり，クライエントの話題に即応して大袈裟に反応すること

非言語的反応で答えることが多く，カウンセラーは，クライエントの非言語的反応の奥にあるクライエントの答えを察していくことがポイントとなる。また，表14 の (2) の技法を用いる場合，カウンセラーは，その年齢のクライエントがもつ関心事や興味内容を熟知しておく必要がある。たとえば，興味をもちやすい CD の曲，歌手，俳優，アイドル，アニメ，スポーツのチーム，選手の名などである。

8　スクールカウンセラーによる連携

「連携」（cooperation ）とは，連絡を取り合い協力して行うことをいう。医療現場における連携は，「リエゾン」(liaison) という語を用いることが多い。「リエゾン」という語は，本来，軍隊が連絡を取るという意味であったが，医療現場では，たとえば，精神科に入院している患者が，身体的な疾患が生じた際，内科に連絡を取って治療してもらうことをいう。筆者の経験をもとにスクールカウンセラーの「連携」を図２と図３に示した。

学校現場でスクールカウンセラーが連携を取るという意味には，学校内でスクールカウンセラーが，たとえば，不登校ケースについて担任教師，養護教諭，生徒指導教師，校長・教頭にコンサルテーションや「コーディネーション[77]」

（coordination）すること（図2）と，学校をベースにして，ケースについて学校外の家族，治療機関，地域の機関と連携をしていくこと（図3）の2つがある。図2に示すコンサルテーションとは，相談することをいい，コーディネーションとは，調整することをいう。図2は，スクールカウンセラーが，問題生徒に関しての心理アセスメントをして，それをもとに各教師の相談を受け，どのように対応したらよいかの各教員の音頭取り（調整）をするという連携の概略図である。

　また，図3は，学校に所属するスクールカウンセラーは，(1) 不登校生徒の母親面接をしたり，訪問面接をしたりして家族との交流や関係の調整を行い，また，(2) 学校では治療が困難なケースに関して治療機関や相談機関に紹介をしていることを示し，不登校生徒の中でも長期欠席生徒の場合や児童虐待の

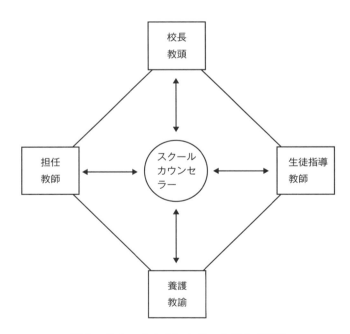

図2　スクールカウンセラーの学内の連携

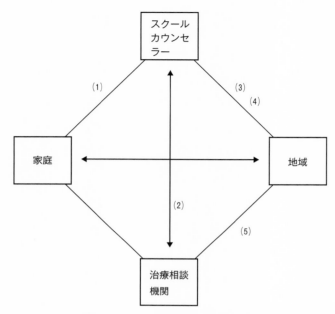

図3　スクールカウンセラーの学外の連携

　ある崩壊家族にいる不登校生徒の場合には，(3) 適応指導教室やフリースクールを紹介したり，(4) ケースワーカーの介入を養成していることを示している。また，(5) 治療機関や相談機関は，地域の一般市民に対して精神保健活動や支援を行っていることを示す概略図である。

　従来，臨床心理士は，1対1の心理療法の腕を上げることを主体とする職務であったが，昨今，公認心理師[78] の国家認定もあって，この職種に携わる人数も増え，今後は，ひとりの臨床的腕で治せるスクールカウンセラーよりも他の職種の者と「連携」して問題を解決していく職種となるであろう。その意味から，臨床心理士・公認心理師のコミュニケーション能力が重要となってくる。

不登校のフォーミュレーション

1　フォーミュレーションとは

　「フォーミュレーション」（formulation）とは，「定式化」，「公式化」，「処方」
という意味があり，さまざまの題材をもとに一定の「形」を作ることをいう。
不登校生徒への対応の仕方は，さまざまであり，ケースごとに個別に対応して
いくことが，本来の「臨床的」な対応法である。100人の不登校生徒の不登校
の原因，その背景は100通りであり，一括してその対応を論じるものではない。
しかし，既述したように不登校生徒数は，増える一方であり，具体的な対応に
迫られているのが現状である。

2　不登校フォーミュレーションの必要性

　個別の見方，個別の対応という臨床的視点があるものの，この個別的見方で
多くの不登校が解決していれば，不登校の対応の「フォーミュレーション」（公
式化）は必要ないであろう。筆者は，既述したように十分な準備もなく現在の
「スクールカウンセラー派遣事業」が始まった歴史から，臨床心理士による不
登校をみていく視点，対応方針，対応方法は，現在でも明確には定まっていな
いようにとらえている。それは，さまざまな心理療法流派が寄り集まって「……
療法研究会」，「カウンセリング研修会」などといった組織が形成され，①特定
のリーダーも存在せず，②その指導教員のルーツは，本来，臨床心理学ではな
い者が多く，③また，不登校のための特別な心理臨床カリキュラムもないため，
④また，小・中・高校へ訪問して実習する義務付けもないため，⑤スーパーヴ
ィジョンを受けるスクールカウンセラーも少ないためなどによることから生じ
ているのかもしれない。しかし，不登校生徒やその保護者の立場で不登校生徒
が増加している現状をみていくと，悠長に構えてはおれないのではなかろうか。
「スクールカウンセラー派遣事業」が始まって，すでに20年以上が過ぎている
ことから，筆者は，不登校に対する一定の視点，方針，対応についての「フォ

ーミュレーション」を打ち出してもよいのではないかととらえ，以下に「スクールカウンセラー用の不登校フォーミュレーション」をあげた。

■スクールカウンセラー用の不登校に関する 「フォーミュレーション」

フォーミュレーション　1

　教師や不登校児の保護者に「スクールカウンセラーに何を期待し，何をしてもらいたいのか」を具体的に聞いてカウンセリングを始めること　とくにスクールカウンセラーは，教師，不登校生徒，その保護者に対して「登校する意味」や「登校すべき意味」を「学校は，単に教科を学ぶところではなく，人間関係の方法を学ぶところであり，人は，一人では生きていけないこと」として説明できる必要がある。

理由；何をしてもらいたいか，何を期待しているのかをよく聞かないまま，面接やプレイを始めると「ボタンの掛け違い」が生じて複雑な展開やスクールカウンセラーへの幻滅が生じやすい。

フォーミュレーション　2

　スクールカウンセラーは，自分のできることを素直に教師や生徒，その保護者に伝えること。

スクールカウンセラーがもつ幻想；①クライエントの話を聴けば，なんとかなる，②登校できる特別な技術を習得している，③コラージュや描画を何回か実施すると登校できる，④非行を治せる。

スクールカウンセラーがもつ治療法に関する幻想；①認知行動療法で全て治る（本当は，治療的動機づけが強いクライエントのみ治る），②SST（ソーシャルスキルトレーニング）で治る（本当は，集団で行うと効果がある），③エンカウンターグループやフォーカシングで治る（実際は，このことに関心のある人のみがやや変化する程度である），④家族療法で治る（わが国では，その専門

家は非常に少ない)。

教師や保護者・教育委員会がもつ幻想；①スクールカウンセラーは，「登校できる特殊な技法」をもっている，②スクールカウンセラーは，非行を治せる，③教師の精神疾患を学校内で治せる，④スクールカウンセラーに問題生徒を任せれば何とかなる（実際は問題内容による），⑤「心理学を専攻」した者は，皆，スクールカウンセリングができる（本当は臨床心理学が心理学の中心ではない），⑥心理学者やスクールカウンセラーは，読心術をもっている，⑦人は，「血液型」で性格がわかる。

実際のスクールカウンセラーができること；①生徒や保護者，教師の悩みを真面目に聴ける，②親のしつけや子どもとの関わり方の改善を支援できる，②心理アセスメントがある程度できる。

フォーミュレーション　3

　心理アセスメントにもとづきプレイセラピーや面接の対象を決める。

例；心理アセスメントは，本書のケース編の10種のケースを参考にするとよい。母親のみ，母子合同面接，母子並行面接，教師のみ，生徒のみの5通りのどれを行うかを心理アセスメントをもとに判断する。ケース9のような崩壊家族の場合，ケースワーカーの協力が必要である。

フォーミュレーション　4

　面接やプレイセラピーは，面接室で一定の時間を決めて行う。

保護者：初回90分，その後は，60分以内がよい。

生徒；20分から40分がよい。

　回数は，カウンセリングの目的に即して決める。次回の約束日についてのメモを渡す。

　原則として，メールカウンセリング・オンラインカウンセリングや訪問面接を行わない，また，学校外で生徒や保護者と会って個人的な話をしない。

フォーミュレーション　5

　初回面接の方法として，「どのようなことでこちらへ来ましたか」，「今，何か悩んでいませんか」と聞くことから始め，ケースによってゲーム，描画，コラージュ，箱庭などの遊びから始めたり，ことばによるカウンセリング（ケースによって指導や助言もよい）から始める……守秘義務については，フォーミュレーションの9を参照，治療動機づけの乏しいクライエントについては，表14を参照。

よくない例；保護者が，無理やりに子どもをカウンセラーに合わせようと車でつれていき，車から出ない子どもを合うように説得することは，生徒には逆効果となる。保護者は，カウンセラーに合わせれば何とかなるという幻想をもっていることが多い。

フォーミュレーション　6

　訪問面接は，原則として行わない。学校側の訪問面接の要請に受身的に従わず，訪問面接を行って別室登校ができる「目処」（見通し）があれば行ってもよい。生徒の同意を得て行い，ぬきうちの訪問はしない。自宅の個室で1対1で20分から40分，保護者の介入抜きで行う。ただし，母子分離不安が強い小学生の場合は，母子合同面接を行う。訪問面接を20回行っても生徒に大きな変化がなければ他の方法に切り替えるほうがよい。

フォーミュレーション　7

　発達障害については，我流で診断をせず，専門治療機関で診断してもらう。学校では，教師と話し合って根気，体力，工夫を要する生徒への訓練が中心となる。その保護者を支えていく面接も重要である。

フォーミュレーション　8

　別室登校について，その期限を決めて行ったほうがよい。その目的は，クラスに入室できるまでの準備期間であり，登校訓練である。クラスへの入室には，

多くの教師との連携や不登校生徒の不安を次第に軽減させる系統的脱感作的（次第にクラスや授業に慣れさせる）訓練が必要である。

フォーミュレーション　9

　スクールカウンセリングにおける守秘義務については，青年期の親からの「自立」を考慮して，つまり進路，交友関係，異性関係，性の悩みなどを自ら解決したいという生徒に対しては，カウンセラーによる守秘義務が必要である。しかし，生徒が自殺企図，盗み，性的逸脱，いじめられたこと，家出願望を告白した場合，その真意を検討して教師や保護者との情報の共有とその対策が必要である。なお，カウンセラーの学校への相談報告は，クライエントの守秘義務に留意してカウンセリングを行った時間，その対象，プレイセラピーか面接か，行った内容の概要を書くこと（学校側にはカウンセラーの守秘義務については前もって伝えておくこと），また，年度ごとの次のスクールカウンセラーへの引き継ぎについては，担当したケースの概要を次のカウンセラーに書面と口頭で伝えておくこと。

フォーミュレーション　10

　高校生以外の不登校の場合，治療機関を紹介しなければならないケースは少ない。スクールカウンセラーが対応できないからといってむやみに治療機関に紹介せず，フォーミュレーションの2にもとづいてコツコツと母親面接や生徒との関わりを続けていけば，変化が生じることもある。また，治療機関に紹介したケースの場合，その治療機関とのその後の連携も必要である。

フォーミュレーション　11

　長期間の不登校の場合（年間60日以上の欠席），その対策としては，適応指導教室やフリースクールの紹介，進学に関しては，通信教育や定時制の高校が望ましい。このような生徒の場合，担任教師やスクールカウンセラーは，早くから自宅に訪問して将来について話し合ったり，家族機能が不全のケースの場

合には，ケースワーカーの介入が必要である。

フォーミュレーション　12

　スクールカウンセラーによる教師への不登校生徒予防についてのコンサルテーションとして，一般生徒や不登校傾向を示す生徒に対して，4月中旬，5月のゴールデンウィーク後，9月中旬，1月下旬から2月上旬にかけて欠席が2～3日続いた場合，電話や訪問をして登校刺激（登校を促す）を与えてみた方がよいという助言をすることが望ましい。ただし，長期欠席生徒の場合には，突然の登校刺激は逆効果となる。

フォーミュレーション　13

　わが国の臨床心理学に携わる大学院教員は，臨床心理士・公認心理師を目指す大学院生に対してクライエントの人生を左右する大きな仕事に携わることを強調し，自らも日々，臨床的鍛錬をすべきである。また，アマチュアのカウンセラーとどこが違うか腕を磨いて専攻学生にその実力を提示すべきである。一方，広い，深い人生を学ぶ意味から，スクールカウンセラーは必要のないプライドを捨てて，卓上の研究のみならず，不登校生徒と心の入った「遊び」ができる人生の「遊び」が必要である。

用語解説

□ SST（social skill training）

　生活技能訓練・社会技術訓練という。1970年代にアメリカのリーバーマンら（Liberman et al., 1989　池淵監訳, 1992）が, 精神疾患をもつ患者の社会適応のために始めた。その後,「発達障害」者にも適用された。わが国には, 1970年代の後半に紹介され, 主に精神科病院で作業療法士によって実践されている。モデリング, シェーピング, アサーション, ロールプレイなどを行う。今世紀になって, わが国では, 中学校などの学校で「対人関係の技術」学習として適用され始めた。今後, 不登校の予防に役立つ方法として注目されるであろう。

□ オンライン授業（online class）

　コロナ禍により2020年から文部科学省は, 従来の対面授業から「遠隔授業」（online class）の実施を推し進めた。遠隔授業には, オンデマンド型の期限内に授業を視聴する方法とZoomやTeamsによってリアルタイムで授業を受ける方法とがある。大学生を対象にした調査では, オンライン授業を肯定的にとらえた者は, 全体の6.9％であり, 対面授業を好んだ者は, 21％であったが, ひきこもり願望のある学生は対面授業を好まないことが報告されている（内田・黒澤, 2021）。しかし, コロナ禍がある程度落ち着いた場合, オンライン授業を望む学生が多いことも報告されている（九州大学, 2020）。

□ カウンセリング（counseling）

　カウンセリングの語源は, 聖書の中のcounsel of perfection, つまり天国へ入ろうとする者への完成（心をきれいにすること）の勧めということばにある。心理臨床の分野では, アメリカのロジャース（Rogers, 1942）の非指示的カウンセリング（クライエント中心療法）を指すことが多い。わが国ではマスコミ用語として「指示・助言」の意味が強いが, ロジャースのいうカ

ウンセリングは，指示を与えず，クライエントの心に耳を傾けることをいう。わが国では，相互依存的文化が影響して，ロジャースのいう臨床的な考えが真に理解できず，専門家による専門的な助言を行うことをカウンセリングととらえられやすい。ロジャースのいうカウンセリングは，心理療法の基本であるが，わが国のスクールカウンセラーは，さまざまな心理療法学派に属していることからカウンセリングの本来の意味を理解していない者が多い。

☐ 家族機能（family functions）

　社会学では，家族機能として，(1)性的機能，(2)生殖機能，(3)経済的機能，(4)教育的機能，(5)心理的機能の5つがあげられている。現在では，経済格差，少子高齢化，自己愛などの問題からこれら5つの機能に多くの問題が生じている。よい家族とは，(1)ほどよくまとまりがある，(2)ほどよく役割の柔軟性がある，(3)地域に開かれた家族であることの3点が基準である。この基準があるものの，現在，家族のあり方は，流動的であり，母子家庭や「トランスジェンダー」家族もみられる。現在では，個人の「主観的幸福感」（subjective well-being）という視点から家族をとらえていく時代に変わっている。

☐ 家族療法（family therapy）

　クライエントのみではなく，その家族全員を対象に治療をする心理療法をいう。1950年代から欧米で始められ，さまざまな流派が多いことから，1980年代に流派の統合をめざしたが実現されていない。わが国では，この療法は1980年代に注目されたが，わが国の心理臨床の歴史から「夫婦カウンセリング」（marriage counseling）を行う基盤がない，家族療法の歴史もなく，そのリーダーがいない，欧米の家族よりもわが国の家族には古い歴史があり，輸入品としての家族療法を即適用することの難しさがあるなどの問題があり，現在，家族療法は，試行錯誤の段階にある。

□ キャリアカウンセリング（career counseling）

　今世紀になって，厚生労働省・文部科学省は，「キャリアカウンセリング」を推し進めるようになった。「キャリア」とは，生涯にわたる一連の職業上の活動や行動のことをいう。この語は，アメリカの心理学者スーパー（Super, 1951）が初めて用い，アメリカのカウンセリングの歴史は，この「キャリアカウンセリング」の歴史となった。1990年代には，ホールとマーヴィス（Hall & Mirvis, 1996）によって，これまでのエリクソン（Erikson, 1950）のいう「アイデンティティ」（identity）論とは異なった社会変動に即して変幻自在に職業をとらえていく「プロティアンキャリア」（protean career）論が唱えられた。しかし，わが国では，戦後から学業成績中心の「進路指導」が展開され，また，労働省（当時）は，比較的早くから「産業カウンセラー」資格（1971）を認定しているものの，人生を通した「キャリア」という視点はなく，また，「産業カウンセラー」の資格を修得してもその就職もないというのが現状である。不登校生徒にとって「キャリアカウンセリング」は，今後，重要となるであろう。

□ 教育学部（department of education）とカウンセリング

　「教育学部」の意味と種類には，幼稚園・小・中・高校の教員を養成する学部と「教育」について研究する学部とがある。前者は，戦前の師範学校から戦後，学校基本法（1947年公布）に基づいて全国各県に設立した国立大学の教員養成の教育学部へと変更した学部をいい，後者は，戦前からある旧帝国大学の教育学部をいう。後者の教育学部のうちで京都大学，九州大学，広島大学は，戦後から「臨床心理学」の講座が開講されていたが，前者の教員養成の教育学部では，「臨床心理学」という教科は少なく，その専攻教員も少なかったが，1988年（昭和63年）に臨床心理士の学会認定資格ができて「臨床心理学」の関連科目を開講し，その教員も前者の教育学部でも採用されるようになった。ここで「教育相談」と「スクールカウンセリング」の歴史の概要をあげれば，①文部省は1963年（昭和38年）からガイダンス中心の生

徒指導制度を推進し，その翌年に個別相談の教育相談が位置づけられ，学習指導要領に盛りこまれた。②1961年（昭和36年）には非指示的カウンセリングのロジャースが来日し，この影響を受けて1967年（昭和42年）に日本相談学会（筑波大学；旧東京教育大学が中心）が創設され，1987年（昭和62年）に日本カウンセリング学会と名称を変更した。③文部科学省は，1975年（昭和50年）に教員免許の科目の中に「カウンセリング」という教科を取り上げた。④1970年代の後半から1980年代にかけて京都大学・九州大学・広島大学の教育学部の大学院生が，心理療法の研究会を続け，これをもとに1982年（昭和57年）に日本心理臨床学会が創設され，その後，1988年（昭和63年）には臨床心理士の資格認定がされた。⑤1995年（平成7年）には，④の臨床心理士が中心となって「スクールカウンセラー事業」が始まった。このような歴史をみて，①から③までのロジャースの「カウンセリング」の普及と④から⑥までの各種心理療法流派の展開とがあることがわかる。

☐ 心の教室相談

　小学校や中学校において学業上の相談，いじめや不登校生徒の相談を行うことを業務として1998年（平成10年）から文部科学省が試みた企画である。現在でも各地域で実施されている。相談を行う者は，主に以前に教師であった者やその地域での教育関係の職務の貢献者であった者が多い。スクールカウンセラーにとって「心の教室相談員」とも連携を取らなければならない。

☐ コロナ禍による生徒・学生の影響

　2019年（令和元年）末から生じた「コロナ禍」は，世界中の児童・青年にマイナスの影響をもたらしている。アメリカの大学では，うつ病，自殺のリスクが増加し（American college health association, 2020），わが国の児童・青年では，パソコン・スマホ・ビデオの使用過多によるVDT症候群という抑うつ，疲れをまねく障害が増え（延ほか，2018），過去に不登校であった大学生に「ひきこもり」現象を生じさせ（内閣府政策統括官，2016），

コロナによる外出規制は，成人に孤独感を生み（杉山ほか，2021），小学生のコロナ禍による長期休暇は，無気力や食欲低下を生じさせている（髙坂，2021）。

□**社会性（sociality）**

　「社会性」とは，集団をつくって生活していこうとする本能的な傾向をいい，「社会化」（socialization）とは，その社会の文化，価値観，規範を身につけることをいう。人の行動は，「反社会的」(anti-social)，「非社会的」(a-social)，「向社会的」(pro-social)，「習癖」(habit) の４種があり，今日の青年は，不登校やひきこもる「非社会的」行動傾向が強い。「学校」の存在意義や「登校」の必然性について「社会性」と「社会化」からみていくことが重要である。

□**心理アセスメント（psychological assessment）**

　臨床心理士や公認心理師の大きな職務である。心理査定ともいい，臨床心理士の資格ができる以前は，「心理診断」と呼んでいた。「診断」（diagnosis）という語の語源は，ギリシア語の「識別する」という意味に由来し，医学では病気の種類を「識別する」ことを「診断」というが，「査定」という語は，クライエントの治療方針や対応について「見立てる」という広い意味がある。主に「インテーク面接」（初回の受理面接）でクライエントについての情報を収集して行う。臨床心理学以外の心理学においても「心理アセスメント」という語を用いており，たとえば，「パーソナリティ心理学」において心理テストの結果について用いたり，「社会心理学」において調査結果について用いることもある

□ **心理学（psychology）**

　人の心と行動について科学的に探究する学問をいう。心理学の学問としての歴史は，1879年にドイツのヴント（Wundt, W.）が，最初に心理学実験室をつくったことに始まるといわれている。アメリカの大リーグ野球より

も新しい学問であることは知られていない。1913年にアメリカのワトソン（Watson, 1913）が，「心」の科学的な探究は方法上で難しいことを唱えて以来，今日では，「行動科学」（behavior science）を主にして「心理学」は展開されている。その分野も広く，知覚，生理，学習，認知，社会心理学などがあり，「臨床心理学」は，わが国では，人気はあるものの，学問的には他の心理学分野よりも迅速には展開されていない。

□ 心理療法（psychotherapy）

　心の治療法のことをいう。精神科医などの医師が行えば，「精神療法」といい，臨床心理士などの臨床心理学専攻の者が行えば，「心理療法」という。18世紀にドイツの医師メスメルによる催眠療法に始まるといわれている。今日，心理療法の流派は，百花繚乱であり，精神分析療法，行動療法，クライエント中心療法（カウンセリング），集団心理療法，家族療法，芸術療法などさまざまである。わが国の臨床心理士を養成する大学院では，全ての心理療法流派専攻教員を採用しているわけではなく，学生は，その大学院に入学して専攻するゼミによって運命的に特定の心理療法流派に所属する心理療法を修得することになる。筆者は，わが国のスクールカウンセリングにおいて，この流派が多い点がクライエントにとってはマイナスになってはいないかととらえている。どの心理療法であれ，真にその心理療法の職人（expert）を目指すのには，筆者の経験上ではその指導者から指導を受けながら15年以上，その療法を実践しなければ中途半端に終わるととらえている。

□ 生徒指導（guidance of public personal work）

　教科教育以外の教育のことを広義の生徒指導といい，狭義には，心の問題をもつ生徒へ指導をすることをいう。それは，クラスでの集団という視点から指導をすることが多い。生活指導ともいい，明治以来の西洋の教育観の影響が強い。個別な教育相談やスクールカウンセリングとは対極的にとらえられやすいが，スクールカウンセラーは，生徒指導教師から多くのことを学ぶ

べきである。

□ 高等学校卒業程度認定試験

　　高校を卒業していない者のために大学入学資格のない者に対して高校卒業
者と同等以上の学力があるかを認定する制度。単に高校卒業程度認定を与え
る制度ではなく，長期不登校であった者や中学を卒業して高校に行けなかっ
た者のための試験である。

□ 定時制・通信制高校

　　定時制高校は，夜間（月曜〜土曜）4時間づつ授業があり，通信制高校は
日曜日に登校して面接指導を受け，日常はレポートを書き，学校へそれを提
出する。中学校時に不登校で全日制高校を受験できなかった者や全日制高校
を中退した者の入学が多い。

□ 適応指導教室（adaptive guidance class），教育支援センター

　　教育支援センターともいう。主に不登校生徒を対象に学習指導，集団指導，
カウンセリングなどを行い，その自立や学校復帰を援助しようとする機関。
1985年（昭和60年）頃から急激に増え，1999年（平成11年）には，全国の都
道府県に400か所以上設置されている。不登校生徒の「居場所」としての意
義もあるが，文部科学省は，学校復帰を目的としている。学校と家庭の中間
に位置し，今後の不登校対策において重要な機関である。

□ 登校刺激（encouraging the pupil to come to school）

　　不登校生徒に登校することを保護者や教師が促すことをいう。臨床的には，
身体症状（頭痛，腹痛，下痢，めまい，吐き気など）を訴える場合には，登
校刺激を与えない方がよい。また，泣き叫んで登校しない場合も登校刺激を
与えない方がよい。また，長期欠席の不登校の場合は，登校刺激を与えると「嫌
がらせ」としてとらえられやすい。しかし，一般の生徒や不登校傾向（五月

雨型不登校生徒）の場合には，登校刺激を与えた方がよい。その時期は，4
月の中旬，5月のゴールデンウィーク明け，9月の中旬，1月下旬から2月
上旬にかけての4時期であり，1週間程度，電話や訪問によって登校刺激を
与えると登校することもある。高校生の場合，欠席日数が限られているので
そのことを早く生徒に伝える必要がある。

□不登校生徒と学校行事

　日頃は，登校せず，遠足や修学旅行，運動会には，なぜ参加できるのか
……理由は3つ考えられる。①勉強嫌い，成績に劣等感がある，②教室で静
かに座って授業を聞く雰囲気に耐え切れない，③クラスの生徒や教師の態度
や注目されることが気になることの3点があり，とくに①と②が希薄になる
ことから学校行事に参加しやすい。

□不登校生徒の別室登校

　別室登校はできるが，なぜクラスに入れないのか……その理由は，3つ考
えられる。①勉強嫌い，成績に劣等感がある，②クラスにいて，座って授業
を聞くと「閉じ込められる」不安がある，③クラスの生徒や教師の態度や注
目されている不安があることの3点があり，②と③の理由が多い。

□不登校生徒と転校

　「いじめ」によって不登校を示した場合，確率は低いものの転校して登校
することもある。臨床的には，「いじめられる」ことの再発予防のためにカ
ウンセリングを受けた方がよい。「いじめ」以外の不登校の場合，生徒個人
やその保護者の心理的問題を棚上げにして，とかく他者や学校を不登校の原
因ととらえやすいことが多く，その場合は，「転校」はしない方がよい。

□フリースクール（free school）

　「フリー」の意味には，「自由」と「無料」という意味がある。1800年代に

アメリカでは，貧しい生徒のために「無料」の小学校ができ，それを「フリースクール」と呼んだ。また，イギリスの教育者のニール（Neill, 1923）が1920年代にヨーロッパの各地で「サマーヒルスクール」という自由な「フリースクール」をつくった。わが国では，1992年（平成4年）に小学生と中学生の「フリースクール」ができ，2009年（平成21年）には，高校生の「フリースクール」ができた。シュタイナー教育にもとづくものや特定の思想はない「フリースクール」とがある。文部科学省が，その出席を認めるフリースクールと認めないフリースクールとがある。長期欠席の不登校生徒にとって「フリースクール」への入学も一つの方法である。

□ メンタルフレンド（mental friend）

　厚生労働省（1991）より主に不登校生徒を対象に兄，または姉代わりになって学習援助や心の相談を行うこととする事業をいう。登録期間は1年間で心理学，教育学，社会福祉学を専攻とする大学生が行う。原則的に週2回（1回，1時間）の家庭訪問を行う。

□ よい教師（better teacher）

　よい教師の「よい」は，良，善，好など様々な意味をもち，また，誰が教師を評価するかによって意味が異なってくる。一般には，生徒にとって好かれる教師のことをいい，その特徴として明朗，やさしさ，親しみやすさ，情緒の安定などがあげられる。また，好かれる教師の態度として，公平さ，熱心さ，指導力があること，教養があることなどがあげられる。逆に嫌われる教師の特徴として，不公平，おこりっぽい，頑固，いばるなどがあげられる。

□ 臨床心理学（clinical psychology）

　人の「適応」という問題に心理学的原則を応用する学問，及びその技術をいう。精神医学（psychiatry）との境界が不明瞭であり，応用心理学の1つである。わが国の心理学分野では，1988年（昭和63年）までは「行動科学」

（behavior science）を主体とする心理学分野が優勢であったが，その年以後
に臨床心理士資格認定ができてからは「臨床心理学」を専攻する学生が増え
た。この分野は，「事例研究」（case study）が主体であることから「行動科
学」の実験心理学者からは科学性がない学問として長く批判されてきた。こ
の問題は，現在も解決されてはいないがわが国では人気のある学問である。

注

1）怠学・ずる休み；アメリカのジョンソンらによって学校恐怖症（school phobia）という語が唱えられる以前は，不登校は，怠学（truancy）であるととらえられていた。わが国では，教員養成の教育学部では最近まで臨床心理学専攻の教員の採用が少なかったことから，臨床的とらえ方ではなく，行動的視点から不登校を怠学（ずる休み）だから強制的に登校刺激を与えればよいという考え方が長く続いていた。

2）不統合家族；まとまっていない家族をいう。この語は，三浦ら（1966）が，家族研究上で用いた。虐待がある家族を「機能不全家族」といい，その結果，「崩壊家族」となりやすい。

3）起立性調節障害；朝，起床しにくく，たちくらみ，頭痛，食欲不振などの身体症状が生じる自律神経失調症をいう。小・中学生に多く，不登校生徒に多い。症状が重いと内科への受診が必要だが，不登校の場合，欠席すると症状は消失しやすい。

4）第1次反抗期；3歳から4歳頃にかけて自己主張をする時期。最近の子どもは，13歳から14歳頃に生じる第2次反抗期を経験する者は少ないという（江上・田中，2013）。

5）強迫的・強迫神経症；自分でも馬鹿げているとわかっておきながら何度も同じ考えが浮かんだり，同じ行為を行うことをいう。たとえば，鍵を閉めたのか確認を何度もしたり，手を何回も洗うなどがある。真面目で几帳面な性格の者に多い。

6）不登校の原因追究；心理療法の流派，たとえば，ロジャース（Rogers，1942）のクライエント中心療法学派や家族療法学派の一部，行動療法学派にこの考え方が強い。この考え方をもつ療法は，根治療法ではないことから，再発もありうる。ロジャースは，「診断無用論」を唱え，症状や問題の原因や背景を重視するよりもクライエントとの心を開いた関係を重視した。しかし，今日の臨床心理士は，カウンセリングの基本であるクライエントとのラポール形成も容易にはできない者が多い。

7）神経症；心理的原因によって生活に支障をきたす症状が生じることをいう。転換ヒステリーの心理療法は，精神分析療法の創始者のフロイド（Freud, S.）の方法が著名である。1980年以後，アメリカ精神医学会のDSM-Ⅲからこの「神経症」という語は除外された。その理由として，これまで心理的側面を重視し過ぎ，

生物学的側面も今後の精神医学において重視すべきであるという見解が認められたこともある。

8）リストカット；ローゼンタールら（Rosenthal et al., 1972）が，リストカット症候群という語を名付けた。わが国では，1980年代に注目されたが，一旦は収まり，21世紀になって再びリストカットをする青年期女子が増えた。女子に多く，習癖になりやすい。重度から軽度まである。この語が広まった理由としてSNSの影響がある。スクールカウンセリングを行うことは，治療的な効果がある。

9）治療；「治療」（treatment）とは，「元の健康状態に戻すこと」をいう。法的には，「治療」行為ができる者は，医師のみであるがアメリカの臨床心理学では，臨床心理士でも「治療者」（therapist）という語を広く用いているため，わが国の臨床心理士も「治療」という語を用いやすい。不登校の「治療」とは，本来，「元の登校できる状態に戻れること」を意味しているが，「スクールカウンセリング派遣事業」の開始時，その目的が曖昧であり，また，広い目的をもっていたため今日でもロジャース流の「カウンセリング」を正しく理解していない臨床心理士でも「カウンセリング」ができるという前提で職務を果たしている。医師のほうが，臨床心理士が安易に「臨床」，「治療」，「療法」という語を用いることを好まないのはこのような臨床心理士の一貫性の欠如や正確さの欠如が原因であると思われる。

10）退行；「退行」（regression）とは，以前の発達段階に無意識的に戻ることをいう。中学生時は一時的に反抗という形で退行することもある。心理療法のなかに，治療者が意図的にクライエントを一時的に退行させて過去の満たされない欲求を充足させる方法もある。また，重篤なクライエント（精神病やパーソナリティ障害）が長い治療過程で治療者に退行することもある。今日のスクールカウンセラーは，クライエントの退行に気づかないままカウンセリングを行うこともある。

11）昼夜逆転；不登校生徒の昼夜逆転生活は，深刻な問題である。現実逃避，親への反抗，自己破壊的没入などの意味があり，一旦形成されると元に戻りにくく，また，登校もしにくい。とくに「ゲーム依存」にもなりやすく，ひいてはこれが長期に及ぶと「ひきこもり」にもつながる。したがって，カウンセリングにおいては，不登校状態よりもまず，昼夜逆転を修正することが先決であり，とくに母子家庭の場合，第3者の介入が必要である。また，情報機器の使用時間の短縮も重要である。

12）うつ病；「うつ病」（depression）とは，意欲減退，悲哀感，理由のない落涙，不眠，

自責の念，絶望感，希死念慮を示す精神病である。わが国では，増加傾向にあり，約73万人もいるという（厚生労働省，2014）。その治療は，薬物療法と静養が主である。一般市民は，失恋，転居，転勤，失業などの「喪失体験」で生じる「抑うつ神経症」を「うつ病」ととらえやすいが，「うつ病」は，原因として心理的な要因よりも生物学的要因が強い。「認知行動療法」の適用が効果的であるといわれているが真のカウンセリングができなければ「認知行動療法」も中途半端に終わりやすい。

13) **統合失調症**；「統合失調症」(schizophrenia) とは，病識（病気であることの自覚）が欠如し，幻覚や妄想を主とする精神病をいう。青年期に発症しやすく，100人に1人の発症率であり，性差はなく，(1) 破瓜型；10歳代後半に発症し，不眠に始まり人格の崩壊が次第に進んでいく，(2) 緊張型；20歳代に発症しやすく，主に不眠と幻聴が生じやすい，(3) 妄想型；成人男性に多く，妄想のみで正常部分が多いタイプの3つがある。遺伝率も高い。2003年からそれまで「精神分裂病」といっていたが「統合失調症」という診断名に変わった。薬物療法が主であるが，作業療法士による「作業療法」やPSW（精神科病院ケースワーカー）による住居や仕事のケアもあり，社会適応訓練が進められている。少し症状が軽くなることを「寛解」という。わが国の臨床心理士（まだその名のない頃）の原点は，昭和初期の精神科病院で「統合失調症」への心理テスト実践から始まっている。

14) **モンスターペアレント**；「モンスターペアレント」という語は，1990年代の後半から用いられ，最初に元教師の向山洋一が，名付けたという。学校側に自己中心的，理不尽な要求を突き付けることが特徴である。生活は，さまざまなことで切迫しており，青年期に教師への不信感を体験している者に多く，なかには「パーソナリティ障害」が疑われる者もいる。しかし，「モンスター」という語は，非人間的な用語であり，用いるべきではない。学校側も親に不信をまねかせない教師の公平性，常識ある態度が必要である。また，親と学校側とは，(1) 言った，言わなかったという論争，(2) 記録を取るためのテープを持ち込む会話，(3)「裁判や教育委員会へ訴える」という結論にならない相互の「信頼」を築くことが重要である。また，現在の教育委員会も教育についての判断の公平性が必要である。

15) **現実感**；現実感とは，虚構や夢幻，仮想的なものごとなどではなく，現実に起こっていることの実感をいう。フロイド（Freud, 1911　井村訳, 1970）は，「快感原則を超えて現実原則へ」と述べて，適応のための現実感を重視し，フェダーン（Federn, 1919）は，現実感を生むために集団内では，父親的リーダーの必

然性を説き，また，ミッチャーリッヒ（Mitscherlich, 1963　小見山訳，1972）は，その著「父親なき社会」で家庭の中での父親の重要性をあげ，現代社会において父親の存在感が薄れ，そのため子どもの社会性の教育に悪い影響を与えていることを取り上げている。

16）社会適応；「適応」（adjustment）とは，「環境に適合し，しかも単に生存を維持することではなく，主体的に環境に働きかけていくいとなみ」をいう。また，順応（adaptation）とは，「個人の機能や状態などを受身的に外的条件に応じて変化させること」をいう。日本人の「適応観」は，この順応が多い。適応には，自分を理想通りに発揮する「自己実現」（self-realization）と社会の規則やルールを獲得していく「社会化」（socialization）の２つの要因がある。

17）school phobia；「学校恐怖症」。不登校について，ブロードウィン（Broadwin, 1932）などは，「怠学」（truancy; ずる休み）であるととらえ，パートリッジ（Partrige, 1939）は，「怠学」をヒステリー，反抗，神経症，愛情飢餓の４タイプに分けた。しかし，アメリカのジョンソンら（Johnson et al., 1941）は，母子の「分離不安」（separation anxiety）による「学校恐怖症」をあげた。わが国の母子関係は，従来から母子密着度が強いことから，ジョンソンらのいう「学校恐怖症」は，不登校のタイプの中で最も多いと思われる。しかし，長年にわたり，教員養成の教育学部では臨床心理学専攻の教員の採用が少なかったこともあり，現場の教師の中に「学校恐怖症」についての正しい知識が乏しく，「怠学」と決め込んで強制登校を指導する教師もいる。

18）school refusal；「登校拒否」。この語を用いたのは，昭和の時代には不登校児は少なく，その原因は，17）の「学校恐怖症」のように母子関係が原因であるという明確な内容が多かったからであろう。このことから，「登校拒否」という名が広まった。しかし，昭和の後半から平成にかけてさまざまな原因で登校しない，登校できない生徒が増えて，現在では「不登校」という名に収まっている。

19）ニート；Not in Education, Employment or Training（NEET），つまり，就労，就学，職業訓練のいずれも行っていない16歳から18歳までの者をいい，1999年にイギリスで初めてこの語が唱えられた。わが国では，15歳から34歳までの無業者のことをいう。約54万人もいるといわれ，25歳から34歳までに多い（総務省，2018）。無気力，怠け者，親への依存が強いという点をあげる心理学者もいるが，本人の心の問題ではなく，むしろ仕事がない社会的な問題の方が大きいと思われる。

20）実証・実験心理学を中心とする一部の心理学者；現在の日本心理臨床学会の

ルーツは，約半世紀前，京都大学，九州大学，広島大学の教育学部の助手，大学院生の有志が「心理療法の勉強会」を始めたことによることは知られていない。後に東京大学や上智大学が参加してきた。当時は，実証・実験心理学が「王道」であり，「臨床心理学」が今のように脚光を浴びるとは，筆者は，夢にも思わなかった。しかし，臨床心理士の資格ができると今まで「心理療法」に価値を置かなかった者や「心理療法」をしてこなかった教員や大学院生が転換して心理臨床界の組織を運営し始めた。

21) **クライエント**；「来談者」という。臨床心理学者のロジャースは，「患者」(patient) という語を好まず，患う人を扱うのは医師であることから，カウンセリングに来る人という意味で「来談者」(client) と呼んだ。

22) **ラポール**；治療者とクライエントとの「信頼関係」をいう。ドイツの催眠療法家のメスメル (Mesmer, 1766) が，催眠中にクライエントに感応が通じた際に「ラポール」とう語を最初に用いた。フランス語で「橋を架ける」という意味がある。今日の臨床心理士が最も学ばなければならないことは，どのようにしてクライエントとラポールの形成を図るかであろう。

23) **頻尿**；心因性頻尿症は，1日に10回以上の少量の排尿がある。女性に多く，長期の緊張する場面があり，排尿をこらえた経験や幼児期に「お漏らし」をして心が傷ついた経験がきっかけであることが多い。重度の頻尿症は，親からの愛情飢餓が原因である場合もある。治療は，行動療法や薬物療法が主となる。

24) **障害心理学**；障害は，知的障害，身体障害，発達障害の3分野に大別される。障害者の QOL (quality of life) をめざす学問。障害者福祉学と学問として共有しやすい。わが国の臨床心理学よりも古い歴史がある。

25) **危機介入**；「危機」(crisis) とは，災害，事件，喪失，転居などの出来事により，ストレスが生じて今までの解決法では難しい事態に直面することをいう。「危機介入」(crisis intervention) とは，1940年代から1960年代にかけて，アメリカで広まり，福祉や医療部門に携わる者が，キャプラン (Caplan, G.) による「危機理論」にもとづき対応していくことをいう。その後，心理学部門では，社会心理学や「健康心理学」(health psychology) における「ストレス研究」へと展開され，わが国では，今日の臨床心理士による学校での「緊急支援」も「危機介入」というようになった。

26) **行動療法**；人の心を扱わず，行動のみを「学習理論」(learning theory) にもとづいて強化したり，消去したりしていく療法。イギリスのアイゼンク (Eysenck, H. J.) が，1960年代よりこの語を用いた。恐怖症や習癖に効果がある。

27）**遊戯療法**；プレイセラピー（play therapy）ともいう。「遊び」をコミュケーショ
ンや表現の手段とする治療法。非指示的なアクスライン（Axline, V. M.）の
方法とことばで遊び内容を「解釈」する精神分析学派のクライン（Klein, 1930
村田・藤岡訳, 1983）の方法がある。

28）**共感性**；他者の感情を共有することをいうが，最近では，他者の認知の共有も
ふくんでいる。日本語の「思いやり」に相当するが，「思いやり」は，むしろ「同
情」（sympathy）に近い意味がある。人は，1歳頃には，「共感」らしき発達があり，
2歳から3歳頃には「他者の心を想像できる」といわれている。女子の方が「共
感」能力は優れている。ロジャースは，カウンセリングにおけるカウンセラー
の意識水準の「共感性」を強調したが，精神分析学派では，コフート（Kohut, H.）
やビオン（Bion, W.）らは，治療者の「共感性」には，意識水準から無意識水
準までがあると唱えている（参照：長尾, 2019）。

29）**臨床心理士や公認心理師**；日本臨床心理士資格認定委員会が，臨床心理士を認
定し，公認心理師は，厚生労働省が認定している。その数は，約3万人を超える
という。筆者は，当初，このような資格をつくると人のもつ無意識世界にある「心
理的収入」願望（クライエントを指導したい，自分の問題を他者に置き換えたい，
クライエントと自分の問題を共有したいなど）を掻き立てるために臨床心理士
になりたい人の数のみが増えて，質の保証ができないと反対した。現実は，そ
の通りとなってはいないかが懸念される。

30）**スクールカウンセラーの専門性**；専門性とは，expert，つまり，素人とは異なっ
たことができることの意味と professional，つまり，職人芸（技）をもつという
意味とがあるが，現在のスクールカウンセラーの専門性とは，心理アセスメン
トができる expert であり，治療ができるという確固とした professional は乏し
いのではないかととらえている。

31）**無気力型の不登校**；疲れやすい，だるい，面倒だ，勉強は嫌いだが好きなゲー
ムはするというわば「怠学」（ずる休み）型の不登校に近いが，「怠学」型は，
友だちが多くいるものの，「無気力」型は，友だちもつくれない不登校をいう。
無気力の根源をみていくと，目的がない，不安がない，自主性がない，教師や
親に頼って困っていない点がある。登校刺激を与えながら目的や自主性の形成
を図っていくことが重要である。

32）**精神病理学的**；精神疾患の精神症状を記述，分類して，そのメカニズムを明ら
かにしていこうとする学問。心理学部門では，「異常心理学」に近い。臨床心理
士は，クレッチマー（Kretschmer, E.）のいう「体格と性格」，クレペリン（Krepelin,

E.）のいう「早発痴呆」（現在の統合失調症），ジャネ（Janet, P.）のいう「精神衰弱」（現在の強迫神経症や離人症），シュナイダー（Schneider, K.）のいう「精神病質」（現在のパーソナリティー障害の一部），ヤスパース（Jaspers, K.）のいう「了解可能」については熟知していたほうがよい。

33）**コラージュ**；「コラージュ」（collage）とは，貼り絵を意味し，本来，芸術の表現法であったが，1970年代からアメリカで作業療法として精神科病院で活用された。わが国では，臨床心理士の森谷寛之が中心となって1980年代から心理療法の一つとして活用され始めた。

34）**箱庭**；「箱庭療法」（sand play）とは，砂の入った箱庭にさまざまな玩具を置いて遊ぶ心理療法である。ローエンフェルト（Lowenfeld, 1929）が創案し，その作品の解釈は，ユング（Jung, C. G.）の分析心理学派による理論をもとに行われる。わが国では，臨床心理学者の河合隼雄氏によって紹介された。

35）**心理学的解釈**；「心理学的解釈」（psychological interpretation）とは，主にパーソナリティテストの「解釈」をいうが，フロイドやユングは，クライエントが述べたことを彼らが構築した理論に基づいて「解釈」していった。しかし，ロジャース（Rogers, 1942）は，「解釈」について否定的であり，クライエントの述べた感情を重視した。今日の臨床心理士は，フロイドやユングの理論に関心があってもスーパーヴィジョンを受けていない者が多いため，「解釈」はしないほうがクライエントにとってむしろ臨床的であるように思われる。

36）**順応**；「順応」（adaptation）とは，環境に慣れることや環境に受身的に合わせることをいう。カメレオンのように身近な葉の色に準じて自分の体の色も変化していくことにたとえられる。集団行動で集団に順応することを「同調」（conformity）といい，集団主義（collectivism）傾向の強い日本人は，「適応」よりも「順応」や「同調」に価値を置きやすい。

37）**アルコール依存症**；アルコールに精神・身体とも依存した状態にある疾患をいう。連続飲酒，ブラックアウト，離脱症状，問題飲酒が，その診断基準であり，初期はアルコール依存症であることを「否認」する。わが国では約230万人もいるといわれ，その専門精神科病院が，約590あるといわれている（厚生労働省，2020）。わが国では，筆者のように臨床心理学を学んでアルコール依存症の治療に携わる者は少ない。

38）**過敏性腸症候群**；「過敏性腸症候群」（irritable bowel syndrome）は，略してIBSともいい，器質的疾患はないがストレスを感じて，下痢，便秘，腹痛，腹部膨満感などが生じる心身症である。女子に多く，学校でのテストなど試される

場面で生じやすい。その治療は，薬物療法，運動療法，自律訓練法などがある。以前は，真面目でよい子に多かったが，最近では，依存性の強い子に多い。

39) 自尊感情；「自尊感情」（self-esteem）とは，自分自身を価値ある者だと感じる感情をいう。「自己肯定感」や「自己効力感」（self-efficacy）とも関連し，一般に男性の方が自尊感情は高いといわれ，青年期は，中学2年生時に下がり，再び上昇して大学生時には安定してくるといわれている。わが国の児童・青年は，諸外国の児童・青年と比較して自尊感情が低いことが示されている（古荘，2009）。

40) 個人志向的；「個人志向」（individual orientedness）とは，自分独自の基準を尊重し，個性を活かす生き方をいう。これに対し，「社会志向」（social orientedness）とは，社会や他者の規範に準じた生き方をいう。伊藤（1993）は，個人志向性・社会志向性尺度を作成している。

41) 関係妄想；「関係妄想」（delusion of reference）とは，周囲の人々の動作や出来事を自分に対してある意味や関係があると思い込む妄想をいう。統合失調症の陽性症状である。ビンスワンガー（Binswanger, 1957 新海ほか訳, 1960）は，人が本来もつ他者や社会と関わりたい特徴を現わしているととらえている。

42) 被害妄想；「被害妄想」（persecutory delusion）とは，根拠がないのに自分に被害，もしくは危害が及ぼされていると確信している妄想をいう。統合失調症や「認知症」（dementia）の症状であり，怒り，不満，過敏性をともなう。日本人の統合失調症の患者に多い。

43) 甘えの構造；「甘え」とは，受身的対象愛と解釈され，「依存性」（dependency）とは異なる語という（土居，1971）。土居は，日本人患者とアメリカ人患者の精神分析療法の比較から，日本人の特徴として他者依存的な「甘え」をあげた。

44) WISC-Ⅳ・Ⅴ；「ウイスク」と呼ぶ。原本はウエクスラー（Wechsler, 2003）が，児童用（5歳から16歳11か月）に作成した知能テスト。言語，知覚，記憶，処理能力の4つの分野で測定できる。最近では，発達障害の診断に用いられている。成人用は，WAIS（ウエイスと呼ぶ）がある。

45) IQ；「IQ」（知能指数；intelligence quotient）とは，精神年齢（知能テストで測定した年齢）から暦年齢で割って100を掛けた数値をいう。ドイツのステルン（Stern, W.）が創案した。IQの平均値は，100であり，100を超えればIQは高く，100以下であればIQは低いととらえる。人は，20歳を過ぎればIQは低下していく。

46) 空気が読めない；その場の状況を正しくつかめないことをいう。山本（1977）が，初めて用いたという。土井（2008）は，今日の青年の交友関係では，「空気が読める」ことが重要であるといい，集団から疎外される恐れが強いという。

47) **表情認知**；他者の顔の表情から情動を認知することをいう。自閉症児は，表情認知能力が乏しいことが明らかにされている（菊池・古賀，2001）。エックマンとフリーセン（Ekman & Friesen, 1975　工藤訳, 1987）は，「顔面動作符号化システム」（facial action coding system）から 44 の表情認知ユニットを作成している。

48) **自閉症スペクトラム障害**；「自閉症スペクトラム障害」（autism spectrum disorder）とは，対人関係の不全，ある種のこだわりをもつ，男子に多いという特徴をもつ発達障害をいう。「スペクトラム」とは，「連続体」という意味があり，自閉傾向からアスペルガー症候群や自閉症まで広い「自閉」の「連続体」があるという意味をもっている。これまでの「広汎性」という語は用いられなくなった。

49) **社会不安**；特定の状況や人前で緊張，不安，恐怖が生じることをいう。青年期に発症しやすく，男子に多い。「社交不安」ともいう。わが国では，「対人恐怖」（anthropophobia）ともいい，症状は，長引くこともある。その治療は，行動療法や「森田療法」（Morita therapy），集団心理療法を行うことが多い。

50) **スクイグル**；ウイニコット（Winnicott, 1971）が，他者と相互に「なぐり描き」をする「スクイグル」（squiggle）を開発し，ナウンバーグ（Naumburg, 1966）が，ひとりで「なぐり描き」をする「スクリブル」（scribble）を開発した。

51) **家族の崩壊度**；「家族崩壊」（family breakdown）とは，メンバーの対立，不法行為，DV，児童虐待などから家族が機能不全になることをいう。アルコール依存症や薬物依存，不倫，殺人，自殺などをまねきやすい。欧米では，1950年代から「家族療法」が展開されていたが，1990年代になって「家族療法」は，行き詰まり，ド・シェイザー（de Shazer, S.）らによる「短期療法」の「解決志向療法」（solution-focused brief therapy）に変化していった。わが国でも 1980年代の心理臨床分野では，「家族療法」が注目されたが，この分野の指導者がいなかったため現在では，「ブリーフセラピー」へと流れている。家族の問題は，容易に他者が介入できるものではない。社会学者のリトワク（Litwak, 1960）は，早くから「愛」と「子どもの教育」がなければ「家族の崩壊」が生じることをあげている。

52) **30歳から 39歳まで**；わが国では，1990年代のバブル崩壊時の青年は「就職氷河期」，あるいは「失われた世代」の青年といわれた。この世代の親をもつ子どもたちは，自分の親が，「幸福」ではない姿を見て育った子どもたちにとって「よい家族」の形成も容易ではないのかもしれない。

53) **ネグレクト**；「ネグレクト」（neglect）とは，無視，放置，怠ることを意味し，

児童虐待, 障害者虐待, 高齢者虐待のなかにふくまれる。児童虐待の場合, 育児放棄ともいい, とくに若い母親や精神疾患をもつ親が「ネグレクト」することが多い。日本人の母親は, 世界で一番子どもを可愛がるという世評は, 遠い昔の話になったのであろうか。

54) **愛着**；「愛着」(attachment) とは, 他者や動物に特別の情緒的結びつきをもつことをいう。ボウルビィ (Bowlby, 1951 黒田訳, 1967) は, 母親のいない施設で育った子どもの発達不全をあげて, 「母性剥奪」(maternal deprivation) を基盤とした「愛着理論」を唱えた。その後, エインズワースら (Ainsworth et al., 1978) が, 母親を「安全基地」として子どもは, 「回避」, 「不安」, 「安全」の3つの心理特性をもつ者がいることをあげ, その後, 「混乱」という特性も加えた。

55) **臨床的腕**；「臨床的腕」(the skill of clinical psychologist) とは, 筆者なりに心理アセスメント (精神医学的診断もふくめて) ができることと心理療法 (自らの共感能力と現実感を高めてクライエントの心を変化させること) ができることととらえている。前田 (1978) は心理療法の腕を上げるためには, 「臨床経験」が7分で「理論」(知識) が3分必要であるといい, 「臨床経験」の重要性をあげた。しかし, 医療分野でグャット (Guyatt, 1992) が, EBM (evidence based medicine) を唱えて以来, アメリカでは, とくに「うつ病」治療において認知行動療法を中心にEBMが強調され始めた。心理療法上の「根拠」の重視は, わが国でも東京大学の下山晴彦を中心として広まっている。筆者は, 心理療法を行ううえで, 「経験」よりも「根拠」を重視するあまり, 当たり前のことを科学的に実証したり, 治療動機づけのあるクライエントに認知行動療法を行って効果のあることを強調するという皮相的な心理療法研究になる恐れを感じている。筆者がこの点を指摘しても日本の臨床心理学者の多くは, 「経験」よりも「根拠」をしばらくは重視するであろう。

56) **対象関係論**；「対象関係論」(object relations theory) とは, フロイド以後, ヨーロッパでクラインやウイニコット, ビオン, フェアベーン (Fairbairn, W. R. D.) らの精神分析家が, 乳児期の母子関係を乳房と乳児との関係からとらえた理論をいう。

57) **分裂**；正式には「妄想的分裂態勢」(paranoid schizoid position) といい, クライン (Klein, 1930 村田・藤岡訳, 1983) は, 0歳から生後3か月までの乳児は, 授乳して「快」を感じると母親を「よい対象」ととらえ, 「不快」を感じると母親を「わるい対象」ととらえるという「分裂」(splitting) 態勢ができ, その後, 「抑うつ態勢」(depressive position) に移行し, 2歳から3歳にかけて他者を初めて「全

体対象」(whole object) としてとらえれるようになるという。

58) ホームエデュケーション；「ホームエデュケーション」(home education) とは，生徒の自宅で生徒を対象にその保護者，あるいは「ホームエデュケーション」を職業としている教師が，学校と同じ内容の教育か，あるいは独自な教育内容を教えることをいう。現在，イギリスでは，この「ホームエデュケーション」が盛んである。イギリスでは，中学卒業時の年に一般生徒と一緒に「統一テスト」を実施して学力を見ている。

59) わが国の生徒・学生の学力；2002年から2010年頃まで実施された文部科学省による「ゆとりの教育」は，学力の低下を招いたといわれている。筒井（2012）は，現在と40年前のわが国の中学生の学力を比較して，大きく低下していることを指摘している。また，2020年度の世界大学ランキングでは，東京大学は，前年の42位から36位に上昇しているものの（Times Higher Education, 2019），わが国の大学生は学力があるとは言い難い。

60) 心理療法への魔術的願望；イギリスのアイゼンク（Eysench, 1952）は，心理療法の効果は，30％程度であることを明らかにしている。つまり，10人のクライエントの内で心理療法によって治る者は，3人という。また，井村（1951）は，心理療法の基礎的な構成要因は，「支持」，「訓練」，「表現」，「洞察」の4つであることをあげている。このようなことから，毎年，書店で新しい「○○」療法の書籍が販売されたり，心理療法の効果を派手に唱える臨床家もいるが，人々は，これら表現されている内容は，立ち止まって「本当のことなのか」考えてみる必要がある。

61) 治療構造；「治療構造」とは，心理療法やカウンセリングにおける治療者とクライエント関係を規定する交渉様式をいう。それは，誰と，いつ，どこで，面接の回数，治療期間，秘密の厳守，面接料金などを取り決めることをいう。日本人の場合，「契約」という感覚は，いまだ定着していないため，教師の多くは，気軽に生徒と一晩かけて話し合うと生徒の心がわかり，問題が解決できるという考えが強い。しかし，心は，一定の形の中で繰り返し見ていかなければ正確にはとらえられないものである。

62) アウトリーチ；「アウトリーチ」とは，手を伸ばすという意味があり，福祉に携わる者，地域に奉仕する者，公共機関や医療機関に携わる者が，現場に出張してサービスや業務を果たすことをいう。高齢化社会を迎え，今後，「アウトリーチ」は，盛んになるであろう。

63) 専門家以外の教員；筆者による現在の大学の教員に採用されるまでの体験をも

とに臨床心理学を担当する大学教員人事についてふれれば，たとえば，物理学の大学教員になる場合，大学時代から一貫して物理学を専攻していることが一般的であるが，臨床心理学の大学の教員の場合，それ以前に臨床心理学を専攻していなくても即大学の教員になれる例が多い。今後は，専攻の一貫性や臨床家としての適性を重視して採用すべきであろう。

64) 秘密の厳守；医師，弁護士，カウンセラーなど個人の問題や悩みを取り扱う者は，個人の秘密は，人権上厳守しなければならない。スクールカウンセリングにおいては，「フォーミュレーション　9」であげているように難しい点が多い。また，今日の心理臨床界の「倫理規定」は厳しいものではなく，ケースの公開発表や論文掲載，書籍の出版，授業や講演でのケースの秘密厳守に現在よりも留意する必要がある。

65) 逆転移；「逆転移」(counter transference) とは，心理療法において治療者がクライエントに個人的感情を向けることをいう。精神分析療法では，治療者の「中立性」が重視され，治療者は，クライエントの「鏡」となってクライエントが自分の無意識内容に気づくことをねらいとする。したがって，治療者は，クライエントに私的感情を示さないことや自分自身の特徴を正しく知っておかなければならないことを重視する。一方，クライエント中心療法のロジャースは，治療者が感じたことをむしろ「ありのままに」伝えることを重視している。このようなことから，精神分析療法やクライエント中心療法を行う者は，自己中心的な欲望が強い者ではなく，「人格」のある程度の成熟が必要であることがわかる。

66) 高校生の不登校；高校生の不登校は，精神病（統合失調症や思春期うつ病など）や心身症（摂食障害，過呼吸，過敏性腸症候群など）や激しいリストカット，強迫神経症などをともないやすい。したがって，高校のスクールカウンセラーは，治療機関を紹介することが多い。また，ことばを用いた「カウンセリング」は，小・中学生よりも行いやすい特徴がある。1年間で高校生は，約5万人も中退するといわれており，1・2年生時に多く中退しやすいという（文部科学省，2019）。全日制の高校では，1科目につき3分の1以上欠席すると留年になる。また，1年間で70日以上欠席すると留年になる。この2点を高校のスクールカウンセラーは，留意しておく必要がある

67) 相談室の設置条件；理想的な相談室の設置条件は，面接とプレイセラピーの2つができる部屋，明るく，静かでのぞかれず，気軽に入室しやすい部屋，保健室の隣の部屋が望ましく，記録用紙を保管できるロッカーがある部屋がよい。

68) 自己開示；「自己開示」（self-disclosure）とは，他者に対して自分自身に関する情報をありのまま誠実に伝えることをいう。スクールカウンセリングにおいてクライエントによる「自己開示」は必要ではあるが，治療者による「自己開示」の必要性は少ない。ロジャースによる「カウンセリング」では，ある程度のカウンセラーの「自己開示」を認めている。対人関係は，「互恵性」（give and take）であることから，治療者による「自己開示」は，「自己顕示性」によるものではなく，クライエントとの関係を深めるためととらえて行うことが望ましい。女子のクライエントの場合は，「羞恥心」（embarrassment）が「自己開示」の障害となりやすく，プライドの高さや「自己開示」しても問題の解決ができないというあきらめが「自己開示」を行うことの障害になることが多い。

69) 環境調整；アメリカでは，「環境調整」は，主に「ケースワーカー」が行い，心の治療は，主に精神科医か臨床心理士が行っている。わが国では，まだアメリカほどのこのような専門性や分担制はない。心の治療において「環境調整」が必要であることは，フランスのピネル（Pinel, 1798）が，精神科病院で閉鎖病棟から開放病棟へと改革した例からもわかる。わが国では，2008年度から「スクールソーシャルワーカー」の学校への派遣が始まっている。不登校生徒にとって「スクールソーシャルワーカー」の「環境調整」が益々，重要になっている。この点から現在の臨床心理士や公認心理師は，彼らと連携をとっていくことが大きな課題である。

70) コンサルテーション；「コンサルテーション」（consultation）とは，相談，診察，調査などの意味があり，臨床心理学では，コンサルティが抱える問題に対して専門的な助言をすることをいう。「コミュニティ心理学」のキャプラン（Caplan, 1961　山本訳，1968）が，メンタルヘルス（精神保健）に関して，初めて「コンサルテーション」という語を用いた。アメリカから来たこの語は，スクールカウンセリングの場合，カウンセラーが，教師に問題生徒の対処の仕方を助言したり，教師個人の悩みを聞いてあげたり，学校の教育相談のあり方について助言したり，校長や教頭に教育相談の運営について助言することをいう。わが国では，理論の紹介はあってもまだその専門家は少ない。

71) クラス経営；「クラス経営」（class management）とは，クラスが良い学習ができるようにする組織づくりをいい，長瀬（2014）は，学習目的や理想的クラス内容の明確化，そのためのクラス編成，ルールの設定，生徒や教師の良い人間関係づくり，クラスの良い雰囲気づくりを「クラス経営」の規定要因としてあげている。

72) 保護者だけの来談；教師は，問題生徒と関わらずして，保護者だけの面接を行っても無意味であると指摘しやすい。しかし，スクールカウンセラーは，保護者との面接には，(1) 親子関係の改善，(2) 家族のあり方の改善，(3) 障害をもつ子どもの保護者の悩みにのり，支持していく，そして，(4) その保護者自身のパーソナリティの変化の4つの目的のものがあることを周知しておく必要がある。

73) 紹介書；スクールカウンセラーが，用意しておくべき書類は，自分の履歴書，各面接の記録用紙，治療機関への紹介書，学校長に提出する1年間の相談報告書，次のスクールカウンセラーへのケースについての引き継ぎ用報告書，教師に示すケースごとの「心理アセスメント」報告書，教師に示す「コンサルテーション・コーディネーション」案，そして，生徒たちに公開する「スクールカウンセリングの案内書」などがあげられる。

74) 認知行動療法；「認知行動療法」(cognitive behavioral therapy) とは，人の思考や信念を変化させて症状や問題行動を除去する療法をいう。エリスとハーパー (Ellis & Harper, 1975　國分・伊藤訳, 1981) の論理情動療法やベック (Beck, 1963) の認知療法を統合させてアメリカを中心に1960年代に開発された。わが国では，精神科医らが今世紀になって「うつ病」の治療に有効であることを取り上げ，この療法が注目され始めた。流行を追いやすいわが国の臨床心理士もこの療法に関心をもっているが，筆者の経験から，行動療法は臨床経験が乏しい臨床心理士でも実践可能であるが，人の認知を変える「認知行動療法」は，カウンセリング・心理療法の基礎が身についた者でしか実践できないのではないかととらえている。

75) 実験心理学；「実験心理学」(experimental psychology) とは，科学性を重視して人の行動の法則の定立をめざし，実験的手法を用いて研究する学問をいう。科学実験手法は，10世紀のイラクのハイサム (Ibn al-Haitham) が創始したという。現在の知覚・学習・認知・生理心理学がその代表としてあげられる。今日，一般社会においては，「心理学」といえば「臨床心理学」が中心であるととらえているが，1982年（昭和57年）に日本心理臨床学会が創設される以前は，「臨床心理学は，科学性がないため心理学ではない」ということが通念であった。その理由は，客観性，再現性，普遍性のないケース研究のもつ問題があるためである。現在でもこの問題は残されているが，わが国では臨床心理学は社会的な人気が高く，その期待に答えられるかが課題といえる。

76) 指導教員；大学・大学院の教員の主な職務は，学生の教育，研究活動，大学運営の3つに大別される。とくに臨床心理士を養成する大学院の教員は，学生を

臨床心理士として養成していく職務が重視される。その中に研究論文の審査者になっている教員もいて、その審査も今日では、「客観的に根拠がある仮説か、結果なのか」が審査基準となり、「臨床経験に基づく根拠」は、軽視されている傾向がある。この点をとらえて、筆者は、わが国の臨床心理士を養成する大学院の教員は、今後、臨床経験にもとづいて「臨床家」を養成していくことを重視するのか、それとも根拠にもとづいて「臨床心理学」の「研究者」を養成していくことを重視するのかを明確にしていき、教員採用基準もさらに明確にすべきであると思っている。

77) **コーディネーション**；学校内の不登校生徒への対応についての「コーディネーション」(coordination) とは、スクールカウンセラーが中心となって各教員（担任、養護教員、生徒指導教員、校長・教頭ら）の役割の「調整」を行うことをいう。そのためには、不登校生徒についての正確な「心理アセスメント」、各教員との日頃からの信頼関係と各教員の特徴の把握、スクールカウンセラーの臨床経験の豊富さ、また、対応の視点を「生徒中心」とすることの4点が重要である。

78) **公認心理師**；2018年（平成30年）に国家資格となった。筆者は、今後、この資格をもつ者の職務上の留意点として、次のことをあげたい。経験豊富な指導者からスーパーヴィジョンを受けること。カウンセリング・心理療法の腕を上げると同時に今後は、他職種の者との「連携」が必要になることから「コミュニケーション」能力を身につけること。少子・高齢化の影響を受けて、今後、スクールカウンセラーよりもむしろ高齢者を対象とする施設や病院での職種が増えることが予測できることから、現在よりも医学や福祉に関する知識を学んでおくこと。また、中学・高校の進路指導教師は、臨床心理士・公認心理師の職務について本書であげたことを参考にして正しい知識を生徒に伝える必要もある。また、今後のわが国の病院心理臨床現場の展開を願って、臨床心理士・公認心理師、臨床心理学者が、現在よりも医師たちとの信頼関係を深めていくことを期待している。

参考図書と参考文献

参考図書（1985年以後発刊）::
　とくに教師や保護者にとってわかりやすい参考図書として以下の書籍があげられる。

森田洋司　1997　「不登校」現象の社会学　学文社
稲村　博　1993　不登校・ひきこもりQ＆A　誠信書房
國分康孝・門田美恵子　1996　保健室からの登校　誠信書房
富永佑一　1997　不登校　筑摩書房
横湯園子　1997　いじめ，不登校，暴力　岩波書店
池田佳世　1998　「困った子」ほどすばらしい　ハート出版
小野　修　2000　子どもとともに成長する不登校児の「親のグループ」　黎明書房
伊藤恵造　2003　お父さん，許してやるよ　学陽書房
小林正幸（監修）早川惠子（編著）　2015　保護者とつながる教師のコミュニケーショ
　　ン術　東洋館出版社
河合隼雄　2009　いじめと不登校　新潮社
嶋田洋徳・坂井秀敏・菅野純・山崎茂雄　2010　人間関係スキルアップ・ワークシー
　　ト　学事出版社
小野昌彦　2011　当事者の生の声から学ぶ　教師と保護者の協働による不登校支援
　　東洋館出版社
丸山康彦　2014　不登校・ひきこもりが終えるとき　ライフサポート社
大阪府立子どもライフサポートセンター・服部隆志・大対香奈子（編）　2014　この
　　まま使える！　子どもの対人関係を育てるSSTマニュアル　ミネルヴァ書房
岸田幸弘　2015　子どもの登校を支援する学校教育システム　福村出版

参考文献::
上里一郎　1992　心理臨床学における「研究」を考える　心理臨床学研究, *10* (2),
　　1−3.
Agrass, S. 1959 The relationship of school phobia to childhood depression.
　　American Journal of Psychiatry, *116*, 533−536.
藍沢鎮雄　1964　問題児の予後調査　児童精神医学とその近接領域, *5*, 255−275.
Allport, G. W. 1961 *Pattern and growth of personality.* New York：Holt.（今田恵［監

訳] 星野命・入谷敏男・今田寛 [訳] 1968 人格心理学 上・下 誠信書房)

Amato, P. R. 1994 Life-span adjustment of children to their parents' divorce. *The Future of Children*, *4*, 143−164.

荒木慎一郎 2002 世界の不登校問題⑤ ドイツ 転換点に立つ就学義務制度 月刊生徒指導 8月号 学事出版

Barak, A., Hen, L., Boniel-Nissim, M. & Shapira, N. 2008 A comprehensive review and a meta-analysis of the effectiveness of internal based psychotherapeutic intervention. *Journal of Technology in Human Services*, *26*, 109−160.

Black, C. 1982 *It will never happen to me*. Medical Administration. (斉藤学 [訳] 1989 私は親のようにならない 誠信書房)

Bowlby, J. 1973 *Attachment and loss*. Vol. 2. Hogarth Press. (黒田実郎・岡田洋子・吉田恒子 [訳] 1977 母子関係の理論2 岩崎学術出版社)

Broadwin, I. T. 1932 A contribution to the study of truancy. *American Journal of Orthopsychiatry*, *2*, 253−259.

傳田健三 2005 子どものうつ病 児童青年精神医学とその近接領域, *46*, 248−258.

土居健郎 1971 甘えの構造 弘文堂

土居健郎 1991 専門性と人間性 心理臨床学研究, *9*, 51−61.

Finning, K., Ukoumunne, O. C., Ford, T., Danielsson-Waters, E., Shaw, L., De Jager, I. R., ... Moor, D. A. 2019 The association between child and adolescent depression and poor attendance at school. *Journal of Affective Disorders*, *245*, 928−938.

Folstein, S. & Rutter, M. 1977 Genetic influence and infantile autism. *Nature*, *265*, 726−728.

福間悦夫・井上 寛・沢 真教・波根督明・栂 蟲 1980 登校拒否の長期予後 精神医学, *22*, 401−408.

Green, G., De Fosset, A. & Kuo, T. 2019 Residential mobility among elementary school students in Los Angeles country and early school experiences. *Frontiers in Psychology*, *10*, Oct, 10.

Guyatt, G. H. 1991 Evidence-based medicine. *ACP Journal Club*, *114*, 2, A−16.

林 潔 1999 社会的サポートとしての電子メールを用いたカウンセリングの役割 電話相談学研究, *10*, 31−38.

Helliwell, J. F., Layard, R., Sachs, J. D., De Neve, J-E. Aknin, L. B. & Wang, S. (Eds.)

2021 *World Happiness Report 2021.* Sustainable Development Solutions Network

平湯真人・岩志和一郎・髙橋由紀子　2004　　平成15年度研究報告書　ドイツ・フランスの児童虐待防止制度の視察報告書　Ⅰドイツ連邦共和国編　子どもの虹情報研修センター

本城秀次　1983　家庭内暴力を伴う登校拒否児の特徴について　児童青年精神医学とその近接領域，*24*，337－353.

本城秀次　1987　家庭内暴力の治療　若林慎一郎・本城秀次　家庭内暴力　金剛出版

本間芳文　2005　不登校とコミュニティとの連携　臨床心理学，*5*，67－72.

保坂亨　1996　長期欠席と不登校の追跡調査研究　教育心理学研究，*44*，303－310.

五十嵐哲也・萩原久子　2002　中学生における不登校傾向に関する研究(1)　日本教育心理学会第44回総会発表論文集　275.

稲村博　1980　家庭内暴力　新曜社

伊藤克彦　1962　児童神経症の1考察　児童精神医学とその近接領域，*3*，147－154.

伊藤美奈子　1993　個人志向性・社会志向性尺度の作成及び信頼性・妥当性の検討　心理学研究，*64*，115－122.

Johnson, A. M., Falstein, E. I., Szurek, S. A. & Svendsen, M.　1941　School phobia. *American Journal of Orthopsychiatry*, *11*, 702-711.

金沢吉展　2015　臨床心理士養成のための大学院付属実習施設におけるスーパービジョンに関する調査　心理臨床学研究，*33*，525－530.

Kanner, L.　1943　Autistic disturbances of affective contact. *Nervous Child*, *2*, 217－250.

笠井孝久・村松健司・保坂亨・三浦香苗　1995　小学生・中学生の無気力とその関連要因　教育心理学研究，*43*，424－435.

勝間理沙・山崎勝之　2008　児童における3タイプの攻撃性が共感に及ぼす影響　心理学研究，*79*，325－332.

河合隼雄　1997　母性社会日本の病理　講談社

河合隼雄　1998　日本の教育改革と臨床心理士　河合隼雄・大塚義孝・滝口俊子・村山正治（監修）　臨床心理士のスクールカウンセリング　1　誠信書房

岸俊行・村瀬勝信・野嶋栄一郎　2007　遠隔カウンセリングにおける認知的評価の検討　日本教育工学会論文誌，*30*，375－385.

小林佐知子・福元理英・松井宏樹・岩井志保・菅野真智子・小牧愛…森田美弥子

2013 臨床心理士養成大学院付属相談室における養成教育の現状と課題 心理臨床学研究, *31*, 152−157.

小泉英二 1988 教育相談の立場から見た不登校の問題 児童青年精神医学とその近接領域, *29*, 359−366.

小松佐穂子・箱田裕司 2011 子ども版表情認知検査 トーヨーフィジカル

厚生労働省 2016 平成28年度における被措置児童への各都道府県市の対応について

厚生労働省 2018 平成29年度福祉行政報告例

厚生労働省 2020 公立学校教職員の人事行政状況調査について

厚生労働省 2021a 児童相談所における児童虐待相談対応について

厚生労働省 2021b 令和2年（2020）人口動態統計

Koyama, A., Miyake,Y., Kawakami, N., Tsuchiya, M., Tachimori, H., & Takeshima, T. 2010 Lifetime prevalence, psychiatric comorbidity and demographic correlates of "hikikomori" in a community population in Japan. *Psychiatry Research, 176*, 69−74.

Kretschmer, E. 1918 *Der sensitive Beziehungswahn, Ein Beitrag zur Paranoiafrage und zur Psychiatrischen Characterlehre.* Berlin；Springer.

Kussmaul, A. 1877 *Die Störungen der Sprache.* Berlin: Robin.（ジルベール・ロバン［著］吉倉範光［訳］ 1940 異常児 白水社より引用）

Leventhal, T. & Sills, M. 1964 Self image in school phobia. *American Journal of Orthopsychiatry, 34*, 685−695.

前田重治 1978 心理療法の進め方 創元社

Mahler, M. S., Pine, F. & Bergman, A. 1975 *The psychological birth of the human infant.* New York：Basic Books.（高橋雅士・織田正美・浜畑紀［訳］ 1981 乳幼児の心理的誕生 黎明書房）

桝屋二郎 2012 最近の反社会的な青少年たち 精神療法, *38(2)*, 35−42.

増沢 高・田中恵子・趙 正祐 2021 2020年（令和2年）度研究報告書 海外の児童虐待防止の取組みに関する調査研究 子どもの虹情報研修センター

松井一郎・才村 純 2004 平成15年度研究報告書 ドイツ・フランスの児童虐待防止制度の視察報告書 Ⅱフランス共和国編 子どもの虹情報研修センター

松嵜くみ子・石井浩子・松本清子・高橋睦・田辺郁子・飯倉洋治 1995 アトピー性皮膚炎のかゆみで不登校傾向を示した男児母親への心理的アプローチ アレルギーの領域, *2*, 1520−1522.

Mehrabian, A. Ferris, S. R. 1967 Inference of attitude from nonverbal communication in two channels. *Journal of Consulting Psychology, 31,* 248 – 252.

Melvin, G. A. & Gordon, M. S. 2019 Antidepressant medication. *Cognitive and Behavioral Practice, 26,* 107 – 118.

三原龍介・市川光洋 1986 登校拒否の臨床的研究 児童青年精神医学とその近接領域, *27,* 110 – 131.

美馬千恵・小坂浩嗣 2004 保健室登校の子どもに対する援助のあり方 鳴門生徒指導研究, *14,* 32 – 45.

宮前淳子 2012 中学生の評価懸念と友人とのつきあい方との関連 香川大学教育実践総合研究, *24,* 145 – 152.

文部科学省 2005 児童生徒の問題行動・不登校生徒指導上の諸問題に関する調査

文部科学省 2007 児童生徒の問題行動・不登校等生徒指導上の諸問題に関する調査

文部科学省 2016 義務教育の段階における普通教育に相当する教育の機会の確保等に関する法律の公布について（通知）

文部科学省 2019 「教育支援センター（適応指導教室）に関する実態調査」結果

文部科学省 2021 児童生徒の問題行動・不登校等生徒指導上の諸問題に関する調査

文部省 1992 登校拒否問題への対応について

文部省 1998 児童生徒の問題行動・不登校等生徒指導上の諸問題に関する調査（不登校の定義）

室田洋子 1997 登校拒否の長期追跡調査 心理臨床学研究, *14,* 497 – 502.

長尾 博 2008 やさしく学ぶカウンセリング26のレッスン 金子書房

長尾 博 2020 青年期の自我強度と共感性との関連にもとづく心理療法導入に関する交流手段 活水日文, *61,* 23 - 39.

長尾 博 2021a 心理臨床に役立つ哲学的知識の必要性 活水日文, *62,* 105 – 130.

長尾 博 2021b 青年期自我の時代的変遷に関する臨床心理学的考察 活水論文集, *64,* 23 – 39.

長尾 博 2022a 自我強度に関するこれまでの研究とその展望 活水日文, *63,* 投稿中

長尾 博 2022b 現代のわが国の心理臨床界の課題 活水論文集, *65,* 投稿中

Naheed, A., Islam, M. S., Hossain, S. W., Ahmed, H. U., Uddin, M. M. J., Tofail, F., ... Hussain, A. H. M. E. 2000 Burden of major depressive disorder and quality of life among mothers of children with autism spectrum disorder in urban bangladesh. *Autism Research*, 13, 284-297.

内閣府　2010　平成26年度　若者の意識（ひきこもり）に関する調査

内閣府　2019　令和元年度　若者の意識（ひきこもり）に関する調査

内閣府男女共同参画局　2021　共同参画　2021年5月号

中嶋義文　2015　チーム医療　臨床心理学, 15, 34－38.

仲田洋子・小林正幸　1999　電子通信学メディアを媒介とするカウンセリング活動に関する展望　カウンセリング研究, 32, 320－330.

成瀬悟策　2003　心理臨床の独自性　氏原寛・田嶌誠一（編）　臨床心理行為　創元社

National association of state boards of education（NASBE）1996 *New York state education governance reports.*

Nicholi, A. M. Jr. 1967 Harvard dropouts. *American Journal of Psychiatry*, 124, 651－658.

日本臨床心理士会　2016　第7回　「臨床心理士の動向調査」報告書

西澤　哲　2010　子ども虐待　講談社現代新書

野添新一・古賀靖之　1990　登校拒否・不登校の原因をさぐる　坂野雄二（編）　登校拒否・不登校　同朋舎出版

小田切紀子　2004　離婚を乗りこえる　ブレーン出版

大井正己・鈴木国夫・玉木英雄・森正彦・吉田耕治・山本秀人…川口まさ子　1979　児童期の選択緘黙についての一考察　精神神経学雑誌, 81, 365－389.

大井正己・藤田隆・田中通・小林泉　1982　青年期の選択的緘黙についての臨床的および精神病理学的研究　精神神経学雑誌, 84, 114－133.

大西彩子・黒川雅幸・吉田俊和　2009　児童・生徒の教師認知がいじめの加害傾向に及ぼす影響　教育心理学研究, 57, 324－335.

小野　修　1993　不登校児の親の変化過程仮説　心理臨床学研究, 10(3), 17－27.

大沢多美子・岡田隆介・杉山信作・西田篤　1991　不登校を主訴に来院し，分裂病と診断された児童の特徴について　児童青年精神医学とその近接領域, 32, 232－240.

大高一則・若林愼一郎・本城秀次・金子寿子・榎本　和・大井正己…阿部徳一郎　1986　登校拒否の追跡調査について　児童青年精神医学とその近接領域, 27, 213－229.

Remschmidt, H., Poller, M., Helpertz-Dahlman, B., Hennighausen, K. &

Gutenbrunner, C. 2001   A follow-up study of 45 patients with elective mutism. *European Archives of Psychiatry & Neuroscience, 251*, 284 – 296.

齊藤万比古 2000   不登校の病院内学級中学校卒業後10年間の追跡調査   児童青年精神医学とその近接領域, *41*, 377 – 399.

齊藤万比古 2007   不登校対応ガイドブック   中山書店

斎藤 環 1998   社会的ひきこもり   PHP新書

総理府青少年対策本部 1980   家庭内暴力に関する調査研究

Spitz, R. A. 1957 *No and yes*. New York：International Universities Press.（古賀行義［訳］ 1968   ノー・アンド・イエス   同文書院）

Steinhausen, H. C. & Juzi, C. 1996 Elective mutism. *Journal of Academic Child & Adolescence Psychiatry, 35*, 606 – 614.

菅 俊夫 1972   登校拒否児の予後調査   小児の精神と神経, *12*, 30 – 34.

高木隆郎・川端利彦・田村貞房・三好郁男・前田正典・村手保子・澄川智 1959   長欠児の精神医学的実態調査   精神医学, *1*, 403 – 409.

高木隆郎 1963   学校恐怖症   小児科診療, *26*, 433 – 438.

高木隆郎 1984   登校拒否と現代社会   児童青年精神医学とその近接領域, *25*, 63 – 77.

鑪 幹八郎 1963   学校恐怖症の研究(1)   児童精神医学とその近接領域, *4*, 221 – 235.

鑪 幹八郎 1988   資格認定協会設立に当って教育, 研修を考える   心理臨床学研究, *6*, 1 – 3.

Times higher education 2021 *World university ranking 2021*. New York：Elsevier.

徳田完二 1998   テレビ電話を用いた学生相談の有用性と限界   心理臨床学研究 *16*, 377 – 388.

Tramer, M. 1933 Kinderpsychiatrie. *Schweizer Archiv für Neurologie und Psychiatrie, 32*, 139 – 153.

Treynor, J. V. 1929 School sickness. *Journal of Iowa State Medical Society, 19*, 451 – 453.

筒井千恵・仙波圭子・大野由美子・小林正幸 1998   不登校事例に対する教師の前兆行動の把握と対応に関する研究   カウンセリング研究, *31*, 117 – 125.

梅垣 弘 1966   学校恐怖症に関する研究(1)   児童精神医学とその近接領域, *7*, 231 – 243.

梅沢要一 1984   治療側の追跡調査   児童青年精神医学とその近接領域, *25*, 85 –

89.

和田慶治　1972　不登校　辻　悟（編）　思春期精神医学　金原出版

和田　実　1993　同性友人関係　社会心理学研究, *8*, 67－75.

Walters, P. A. Jr.　1961　Student apathy. In G. B. Blaine Jr.　& C. C. MacArthur.（Eds.）*Emotional problems of student.* New York：Appelton.（石井完一郎・岨中　達・藤井　虔［監訳］　1971　大学生の情緒問題　文光堂）

渡部京太　2012　不登校にみる最近の子どもたち　精神療法, *38*, 20－26.

Warren, W. 1948　Acute neurotic breakdown in children with refusal to go to school. *Archives of Disease in Child*, *23*, 266－272.

Watson, D.　& Friend, R.　1969　Measurement of social-evaluative anxiety. *Journal of Consulting & Clinical Psychology*, *33*, 448－457.

Winnicott, D. W. 1958　*Through paediatrics to psycho-analysis.* London：Tavistock.（北山　修［監訳］　1989／1990　ウィニコット臨床論文集Ⅰ・Ⅱ　岩崎学術出版社）

山本淳子・田上不二夫　2001　評価懸念尺度の作成　日本教育心理学会第43回発表論文集, 180.

山本　奨　2008　時間的展望の変化に見る不登校の経過・回復過程　心理臨床学研究, *26*, 290－301.

用語解説の文献

American college health association　2020　The impact of COVID-19 on college student well-being.

Erikson, E. H. 1950　*Childhood and society.* New York：W. W. Norton.（仁科弥生［訳］　1977－1980　幼児期と社会　Ⅰ・Ⅱ　みすず書房）

Hall, D. T.　& Mirvis, P. H. 1996　The new protean career. In D. T. Hall and Associates（Eds）. *The career is dead.* New York：Jossey-Bass.

髙坂康雅　2021　親の認知した臨時休業中の小学生の生活習慣の変化とストレス反応との関連　心理学研究, *92*, 408－416.

厚生労働省　1991　メンタルフレンドの実施要項

九州大学　2020　九州大学のオンライン授業に関する学生アンケート（春学期）結果について

Lieberman, R. P., DeRisi, W. J. & Mueser, K. T. 1989　*Social skills training for psychiatric patients.* Oxford：Pergamon Press.（池淵恵美［監訳］　1992　精神障害者の生活技能訓練ガイドブック　医学書院）

内閣府政策総括官　2016　若者の生活に関する調査報告書

Neill, A. S. 1923 *Summerhill*. London：Pelican Books.

延知奈美・泉　正夫・真嶋由貴恵　2018　VDT機器を使用した学習環境における疲労検知のための自己接触動作認知　教育システム情報学会誌, *35*, 145－150.

Rogers, C. R. 1942 *Counseling and psychotherapy*. New York：Houghton Mifflin.

杉山翔吾・廣康衣里紗まり・野村圭史・林　正道・四本裕子　2021　外出規制が孤独感・不安・抑うつに及ぼす影響　心理学研究, *92*, 397－407.

Super, D. E. 1951 Vocational adjustment. *Occupations*, *30*, 88－92.

内田知宏・黒澤泰　2021　コロナ禍に入学した大学一年生とオンライン授業　心理学研究, *92*, 374－383.

Watson, J. B. 1913 Psychology as a behaviorist views it. *Psychological Review*, *20*, 158－177.

注の参考文献

Ainsworth, M. D. S., Blehar, M. C., Waters, E. & Wall, S. N. 1978 *Patterns of attachment*. Mahwah Lawrence：Erlbaum.

Beck, A. T. 1963 Thinking and depression. *Archives of General Psychiatry*, *9*, 324－333.

Binswanger, L. 1957 *Schizophrenie*. Pfullingen；Neske.（新海安彦・宮本忠雄・木村敏［訳］1960　精神分裂病　みすず書房）

Bowlby, J. 1951 Mental care and mental health. *Bulletin of the World Health Organization*, *3*, 355-534, WHO.（黒田実郎［訳］1967　乳幼児の精神衛生　岩崎学術出版社）

Broadwin, I. T. 1932 A contribution to the study of truancy. *American Journal of Orthopsychiatry*, *2*, 253－259.

Caplan, G. 1961 *An approach to community mental health*. New York：Grune Stratton.（加藤正明［監修］山本和郎［訳］1968　地域精神衛生の理論と実際　医学書院）

土居健郎　1971　甘えの構造　弘文堂

土井隆義　2008　友だち地獄　ちくま新書

江上園子・田中優子　2013　第二反抗期に対する認識と自我同一性との関連　愛媛大学教育学部紀要, *60*, 17－24.

Ekman, P. & Friessen, W. V. 1975 *Unmaking the face*. New Jersey：Englewood Cliffs.（工藤　力［編訳］1987　表情分析入門　誠信書房）

Ellis, A. & Harper, R. A. 1975 *A new guide to rational living*. New York : Wilshire Book. (北見芳雄［監修］國分康孝・伊藤順康［訳］ 1981 論理療法 川島書店)

Eysenck, H. J. 1952 The effects of psychotherapy. *Journal of Consulting Psychology*, *16*, 319-324.

Federn, P. 1919 Zur Psychologie der Revolution : Die Vaterlose Gesellschaft. *Der Österreichische Volkwirt*. Berlin : Fischer Verlag.

Freud, S. 1911 *Formulierungen über die zwei Prinzipen des psychischen Geschehens*. Berlin ; Fischer Verlag. (井村恒郎［訳］ 1970 精神現象の二原則に関する定式 フロイト著作集 6 人文書院)

古荘純一 2009 日本の子どもの自尊感情はなぜ低いのか 光文社新書

Guyatt, G. H. 1991 Evidence based medicine. *ACP Journal Club*. A-16.

井村恒郎 1951 心理療法 世界社

伊藤美奈子 1993 個人志向性・社会志向性尺度の作成及び信頼性・妥当性の検討 心理学研究, *64*, 115-122.

Johnson, A. M., Falstein, E. I., Szurek, S. A. & Svendson, M. 1941 School phobia. *American Journal of Orthopsychiatry*, *11*, 702-711.

菊池哲平・古賀精治 2001 自閉症児・者における表情の表出と他者と自己の表情の理解 特殊教育学研究, *39*, 21-29.

Klein, M. 1930 The importance of symbolformation in the development of the ego. (村田豊久・藤岡宏［訳］ 1983 メラニー・クライン著作集1 誠信書房)

厚生労働省 2014 平成26年うつ病患者調査

厚生労働省 2020 依存症対応について

Litwak, E. 1960 Occupational mobility and extended family cohesion. *American Sociological Review*, *25*, 9-21.

Lowenfeld, M. 1929 *The children's clinic ; what it is and what it does*. Pamphlet.

前田重治 1978 心理療法の進め方 創元社

Mesmer, F. A. 1766 *De Planetarum Influxu*.

Mitscherlich, A. 1963 *Auf dem Weg zur Vaterlosen Gesellschaft*. München : R. Piper. (小見山実［訳］ 1972 父親なき社会 新泉社)

三浦岱宗・小此木啓吾・馬場礼子・北田穰之介 1966 精神医学領域における比較家族研究的接近（その1） 精神医学, *8*, 309-316.

文部科学省 2019 平成30年度 児童生徒の問題行動・不登校等生徒指導上の諸問

題に関する調査

長尾　博　2019　共感性と日本語の "思いやり" の意味の相違点とその測定　活水論文集，62，1－15.

長瀬拓也　2014　ゼロから学べる学級経営　明治図書出版

Naumburg, M. 1966 *Dynamically oriented art therapy*. New York：Grune & Stratton.

Partridge, J. M. 1939 Truancy. *Journal of Mental Science*, *85*, 45－81.

Pinel, P. 1798 *Nosographie philosophique*. Paris：J-A Brosson.

Rosenthal, R. J., Rinzler, C., Wallsh, R. & Klausner, E. 1972 Wrist-cutting syndrome. *American Journal of Psychiatry*, *128*, 1363－1368.

Rogers, C. R. 1942 *Counseling and psychotherapy*. New York：Houghton Mifflin.

総務省　2018　平成29年度　労働力調査

Times Higher Education 2019 *World university rankings 2019*. New York：Elsevier.

筒井勝美　2012　学力低下問題，その後の学力推移と40年前との学力格差　*Journal of Quality Education*，4，45－71.

Wechsler, D. 2003 *The Wechsler intelligence scale for children 4th edition*. New York：Pearson Assessment.

Winnicott, D. W. 1971 *Therapeutic consultation in child psychiatry*. London：Hogarth Press.

山本七平　1977　空気の研究　文藝春秋社

人名索引

事項索引

おわりに

　筆者は，近年の「コロナ禍」によって心の問題，とくに不登校，自殺，いじめ，うつ状態の児童・青年が増えていくことを恐れている。「コロナ禍」は人々に，コロナは怖い病気をもたらすという「恐怖心」と変異性があり，コロナウイルスはどのようなウイルスなのかわからないという「未知性」の，2つのリスク認知をもたらしている。その対策として，今後は，コロナウイルスの特性の正しい把握ができることと同時にウイルス研究の専門家や民主的リーダーシップをもつ政治家によるさまざまな手を尽くす方法についての話し合いが必要である。同様に不登校の増加予防対策として，今後は，文部科学省やスクールカウンセラーによる十分な話し合いが必要であろう。

　本書では，不登校に関するこれまでの主な研究論文を紹介し，代表される不登校の10ケースを提示し，これらをもとに筆者なりに不登校ケースと関わる13のフォーミュレーションを提案してきた。これらのフォーミュレーションをスクールカウンセラーに深く広く理解してもらうために本書の『注』に現在の臨床心理士や臨床心理学の教員の実践や研究上の問題点をあげてきた。

　本書でふれた不登校についての見解は，ほんの一部に過ぎない。私たちは，「コロナ禍」だけを不登校の原因とは考えず，なぜ，現在，不登校が増えているのかについて深く考えみる必要がある。現在の不登校は，「うつ病」のように決まった単一疾患ではなく，児童・青年のさまざまな心の問題の一種の「症候群」であり，いじめ，無気力，反抗，リストカット，過呼吸，発達障害など個々に原因やその対応は異なるものである。また，児童・青年にとって「不登校」という行動で示す現象は，子どもの背後にあるさまざまな内容を保護者や教師，あるいは社会に訴えやすい表現かもしれない。また，心の発達上，不登校は，人生の最初の行き詰まりであることが多く，不登校を乗り越えて自分なりの「自己実現」への指針がわかる機会になるのかもしれない。

　不登校の増加は，「コロナ禍」によること以外に人間関係を得意としない児童・青年の増加でもあり，人と人とが結びつきにくい現在の「社会病理」現象でも

ある。人と人とが結びつく根源は，他者と関わりたいという情熱（意欲）である。精神分析療法のフロイドは，「我々の治療は愛（ほれ込み）による治療」と述べている。このフロイドの言葉を参考にすれば，現在のスクールカウンセラーやその指導者には，現状に妥協することなく，臨床家としてその職業にかける不登校生徒への今よりも強い「ほれ込み」が必要ではなかろうか。筆者があげたケースにもとづく10ケースの不登校に関する心理アセスメント，および13個の不登校治療のフォーミュレーションが少しでもお役に立てれば幸いである。本書の刊行に関して，金子書房の亀井千是氏には大変，お世話になりました。深謝申しあげます。また，活水学院には貴重なご支援をしていただきました。深謝いたします。

2022年2月

長尾　博

付録

　本書の「不登校の現状と展開」で述べたように中学生の不登校が増えている。不登校は，早期にその傾向をとらえると予防につながる。以下の尺度は，不登校傾向のタイプが識別でき学校現場に役立つ尺度である。

中学生用　不登校傾向尺度（五十嵐・萩原，2004 より作成）
次の文を読んであなたの今の状態について答えてください。

(1)　学校に行っても，保健室や相談室ですごしたい
　　あてはまらない　　あまりあてはまらない　　少しあてはまる　　あてはまる

(2)　学校へ行ったり家にいたりするより，それ以外の場所で友達とずっと遊んでいたい
　　あてはまらない　　あまりあてはまらない　　少しあてはまる　　あてはまる

(3)　少しのことで気分が落ち込み，学校に行くのがつらい
　　あてはまらない　　あまりあてはまらない　　少しあてはまる　　あてはまる

(4)　先生や友達と会いたいので，家にいるより学校に行きたい
　　あてはまらない　　あまりあてはまらない　　少しあてはまる　　あてはまる

(5)　学校では，授業より，保健室や相談室の先生と話したい
　　あてはまらない　　あまりあてはまらない　　少しあてはまる　　あてはまる

(6)　学校に行かず，家で友達と遊んでいたい
　　あてはまらない　　あまりあてはまらない　　少しあてはまる　　あてはまる

(7)　学校に行くと，誰かに悪口を言われているような気がしてこわい
　　あてはまらない　　あまりあてはまらない　　少しあてはまる　　あてはまる

(8) 学校に行かず，家でゲームをしてすご　あてはまら　あまりあて　少しあては　あてはまる
　　　せたらと思う　　　　　　　　　　　　ない　　　はまらない　まる

(9) 教室に行かなくても保健室や相談室で　あてはまら　あまりあて　少しあては　あてはまる
　　　勉強できればいいと思う　　　　　　　ない　　　はまらない　まる

(10) 学校や自分の家で仲のいい友達とすご　あてはまら　あまりあて　少しあては　あてはまる
　　　すより，友達の家ですごす方が楽しい　ない　　　はまらない　まる

(11) 夜おそくまで外で遊んでいて，学校に　あてはまら　あまりあて　少しあては　あてはまる
　　　行くのがつらいと思うことがある　　　ない　　　はまらない　まる

(12) 学校に行ってしまえば楽しいが，それ　あてはまら　あまりあて　少しあては　あてはまる
　　　までは行きたくないと思っている　　　ない　　　はまらない　まる

(13) 学校に行くことを考えたら，頭が痛く　あてはまら　あまりあて　少しあては　あてはまる
　　　なったり，気持ちが悪くなったりするこ　ない　　　はまらない　まる
　　　とがある

採点方法

「あてはまらない」を1点，「あまりあてはまらない」を2点，「少しあてはまる」を3点，「あてはまる」を4点として採点する。ただし，項目番号(4)だけは逆転項目なので順に4点，3点，2点，1点と採点する。

下位項目尺度の項目番号は，表1の通りである。

表1　下位項目尺度の項目番号

下位項目尺度	項目番号
別室登校を希望する不登校傾向	(1)，(5)，(9)
遊び・非行に関連する不登校傾向	(2)，(6)，(10)，(11)
精神・身体症状を伴う不登校傾向	(3)，(7)，(12)，(13)
在宅を希望する不登校傾向	(4)，(8)

中学生の学年・性別の平均値は，表2の通りである。

表2　中学生の学年・性別の平均値（五十嵐・萩原，2004 より作成）

性	男子			女子		
学年	1年生	2年生	3年生	1年生	2年生	3年生
別室登校を希望する	4.23	3.99	4.02	4.95	4.86	4.53
遊び・非行に関連する	9.60	9.64	9.44	9.24	10.12	8.84
精神・身体症状を伴う	6.68	7.28	7.52	8.20	7.60	8.28
在宅を希望する	5.14	4.88	4.60	4.62	4.74	4.36
合計	25.65	25.79	25.58	27.01	27.32	26.01

出典：五十嵐哲也・萩原久子　2004　中学生の不登校傾向と幼少期の父親および母親への愛着との関連　教育心理学研究，52，264-276.

著者紹介

長　尾　博　（ながお　ひろし）

福岡県　北九州市出身

1976年　九州大学教育学部卒業

1978年　九州大学教育学研究科修士課程修了

1981年　九州大学教育学研究科博士課程単位満了中退

その後，九州大学教育学部助手を経て，活水女子短期大学講師，活水女子大学助教授
活水女子大学教授，現在，活水女子大学特別専任教授，活水女子大学名誉教授

学位：医学博士

専攻：臨床心理学，青年心理学，精神医学

主著：2005　青年期の自我発達上の危機状態に関する研究　ナカニシヤ出版

　　　2005　図表で学ぶアルコール依存症　星和書店

　　　2008　やさしく学ぶカウンセリング26のレッスン　金子書房

　　　2010　心理・精神療法ワークブック　誠信書房

　　　2010　三訂　学校カウンセリング　ナカニシヤ出版

　　　2012　図表で学ぶ心理テスト　ナカニシヤ出版

　　　2012　パースペクティブ青年心理学（共著）　金子書房

　　　2013　ヴィジュアル精神分析ガイダンス　創元社

　　　2014　やさしく学ぶ認知行動療法　ナカニシヤ出版

　　　2016　変化の心理療法　ナカニシヤ出版

　　　2016　女ごころの発達臨床心理学　福村書店

　　　2017　多様化する「キャリア」をめぐる心理臨床からのアプローチ（編著）　ミ
　　　　　　ネルヴァ書房

　　　2022　心のメモランダム　ナカニシヤ出版（近刊）

ケースで学ぶ不登校
どうみて、どうする

2022年3月31日　初版第1刷発行　　　　　　　　　　［検印省略］

著　者　長 尾　　博
発行者　金 子 紀 子
発行所　株式会社　金 子 書 房
〒112-0012　東京都文京区大塚3−3−7
TEL 03-3941-0111（代表）　FAX 03-3941-0163
振替　00180-9-103376
URL　https://www.kanekoshobo.co.jp
印刷／藤原印刷株式会社　　製本／一色製本株式会社